实战活动策划

文案准备
+
实施执行
+
风险防范

叶 龙
—著—

中国铁道出版社有限公司
CHINA RAILWAY PUBLISHING HOUSE CO., LTD.

内 容 简 介

活动策划是一个系统工程，要想策划好，需要天时、地利、人和，更需要细致的前期、周密的中期、完善的后期配合，只有这样才能取得全面的良好效果，而本书正是针对活动策划过程中存在的痛点和难点，进行深入解说，力争帮助活动策划者在每一场活动中都取得圆满成功。

本书内容包括：活动策划的原理、核心要点、创作文案、活动营销、风险防范，特别以体育活动、汽车活动、娱乐活动、旅游活动、电商活动、新媒体活动等举例，进行具体的介绍，帮助新手快速成为活动策划高手。

本书适合公司的管理者和活动策划者，特别是活动策划公司的管理者和专业的活动策划者；希望提升个人能力的营销、策划等上班一族，适合新手入门，适合老手查漏补缺；线下、线上店铺的创业者和管理者，以及新媒体平台的相关活动策划者等。

图书在版编目（CIP）数据

实战活动策划:文案准备+实施执行+风险防范/叶龙著.—北京：中国铁道出版社有限公司，2020.6

ISBN 978-7-113-26563-2

Ⅰ. ①实… Ⅱ. ①叶… Ⅲ. ①策划 Ⅳ. ①C934

中国版本图书馆CIP数据核字（2020）第016595号

书　　名：实战活动策划：文案准备+实施执行+风险防范
作　　者：叶　龙

责任编辑：张亚慧　　读者热线电话：010-63560056
责任印制：赵星辰　　封面设计：宿　萌

出版发行：中国铁道出版社有限公司（100054，北京市西城区右安门西街8号）
印　　刷：北京铭成印刷有限公司
版　　次：2020年6月第1版　2020年6月第1次印刷
开　　本：700mm×1 000mm　1/16　印张：17　字数：261千
书　　号：ISBN 978-7-113-26563-2
定　　价：59.00元

PREFACE

前　言

■ 写作驱动

随着时代的进步，各行各业迅速得到发展，因此在市场中的竞争也是愈演愈烈，各企业和品牌都想在市场中拔得头筹，开始慢慢意识到活动策划的重要性，想要以活动的方式达到宣传品牌、推广和提升知名度以及塑造企业形象的目的。

虽然不少企业和品牌已经意识到活动的重要性，但是对于如何策划活动还是缺乏一些专业上的知识，比如说很多活动策划者虽然在书写活动策划书时将相关事宜写得面面俱到，却发现在实施过程中和自己想的不太一样，或者活动的效果没有达到预期，久而久之，还会因此产生挫败感。

笔者调研了百度指数、淘宝和当当等电商平台的读者反馈，以及 58 同城和前程无忧的活动策划招聘岗位、淘宝平台商家的案例展示等。基于市场调研，本书从 13 个专题出发，帮助读者掌握活动策划的精髓，逐渐成为活动策划的高手。

■ 特色亮点

（1）精选案例，全面解析：全书以 6 大活动的 9 个精选案例为代表，从各个角度进行全方位解析，帮助活动策划人员从新手逐渐成长为活动营销的行家里手。

（2）执行性高，操作性强：全书以图解结合的形式对操作过程进行解读，让每一位读者可以更快地理解内容，还能以较快的方式让读者掌握具体的操作流程。

（3）文案写作，种类繁多：全书还有专门的章节教活动策划人员如何书写活动文案，从类型分析到实用技巧，尤其对文案写作方面薄弱的策划者有着莫大的帮助。

（4）内容精品，精准推送：书中的内容为笔者通过市场调查以及多种案例分析出来的精品，以精准特色作为亮点打造。

（5）心得总结，技巧分享：全书内容分析精辟到位，都是由笔者亲自总结、不掺水分、实用技巧多，为每一位活动策划人员在实战过程中提供实质性的帮助。

■ 本书内容

本书主要以三条线展开，一条是“文案准备线”，另外两条分别是“实施执行线”和“风险防范线”。三条线相互结合，全面介绍如何对活动进行策划，以认识活动策划、了解活动策划功能、掌握活动流程、创作活动文案、防范活动风险、策划活动营销为切入点，对读者进行系统化地策划指导，帮助读者抢占活动市场先机。

第一条文案准备线，共包含 31 个文案知识点，从文案构成、文字作用、规范信息、突出主题、定位内容、表现形象、编写文案、写作方法、创作要求、美工关系、收集资料、明确目标 12 个角度，全面分析如何掌握文案写作方法，为活动策划新手和各类经营管理者提供有价值的实用信息。

第二条实施执行线，以实用案例为线，在讲述基础性理论知识的同时，穿插了大量的活动操作实例，每一个都是各类活动中的精选，代表性极强，帮助读者将枯燥的、抽象的理论知识转为实用性强、具象化的操作技能，实现对读者经验的直接传授，帮助读者在学习过程中少走弯路，提高学习的效率与质量。

第三条风险防范线，本书将风险管理作为重点章节讲述，让活动策划者不仅可以学到活动策划的相关知识，还能对活动中可能存在的风险进行规避，帮助读者对风险有更深一步地了解，还能增强活动开展时的效果。

■ 适合人群

本书的写作思路条理清晰，在语言表达上追求语言的简洁、准确，图文并茂，尤其是对体育活动、汽车活动、娱乐活动、旅游活动、电商活动以及新媒体活动6大活动类型进行案例分析，十分适合以下读者学习借鉴。

（1）各公司的管理者和活动策划人员，特别是活动策划公司的管理者和专业的活动策划者。

本书在写作过程中，笔者借助多种信息渠道广泛收集了各类行业，不同类型的活动方案运营实例，通过对成功企业和品牌的经验分析，总结出涉及目标市场、消费者需求、用户体验、口碑打造、平台营销、微博营销、网站营销等方面策划的实用干货，帮助企业和单位的管理者解决活动策划过程中遇到的难点与问题，而对于成功的活动策划案例经验的深入探讨，更是便于这类读者将获得的成功经验直接转化为策划能力。

（2）希望提升个人能力的策划等上班一族，适合新手入门，适合老手查漏补缺。

从各企业意识到活动策划对品牌推广的重要性后，越来越多的人将重心放到活动策划上，一场成功的活动带来的影响力是非常巨大的。但在这个日新月异的时代中，各行各业的发展跟不上信息变化更新的速度，因此不少行业也将面临发展变化的危机，而活动策划人员不仅需要对市场进行优质精准的分析，还得创造出改变困局的活动策划方案，这样才能找到突破口，带企业走出困境。本书集合了策划原理、主题思路、风险防范、活动营销等多个角度的实用技巧，可以为读者提供十分有价值的信息，帮助读者找到解决方法。

（3）新媒体领域的营销人员：本书立足于信息时代新媒体发展的新趋势，从宣传方式、参与方式、策划技巧再到活动实战、产品营销都进行了详细介绍，不仅如此，在书中引入大量的实战案例，更是极大地丰富和提高了本书的含金量，促使读者学习效率得到提高，学有所成。

（4）有线下、线上门店的创业者和管理者，新媒体平台的相关活动策划者等。

本书的每个知识点都有契合度超强的案例分析。大量的成功案例分享、营销技巧干货集结，突出活动策划知识的重点难点，使本书从广度到深度都在同类书中独树一帜，别具匠心。给予线下、线上的创业者或管理者等提供直接、具有实用价值的经验指导。

■ 作者售后

本书由叶龙著，参与编写的人员还有王海波等。由于作者知识水平有限，书中难免有错误和疏漏之处，恳请广大读者批评、指正，联系邮箱：itsir@qq.com。

编　者

2020 年 1 月

| 目 录 |

CONTENTS

第一章

初步认识——帮助策划人深入了解

随着营销活动的兴起与发展，各行各业中逐渐都有了自己的品牌营销活动，并且产生了不少非常成功的例子。人们也逐渐意识到成功的活动对于营销是很有帮助的，因而活动策划也越来越受到各行业人士的重视。本章就从活动策划的定义与分类等多个方面帮助策划人全方面地了解活动策划。

本章主要内容包括：

- 概述活动策划
- 活动策划的分类
- 活动策划的发展历程
- 活动策划中的文案作用
- 活动策划中的新形式

1.1 概述活动策划

活动策划是一种有效提高市场占有率的行为，想要提升企业的知名度及品牌美誉度，就必须要有一份能操作、可执行、能创造新意的活动策划方案。严格来说，活动策划属于企业的整体营销思想之一，另外还跟市场策划息息相关，在彼此作用力的相互影响下才能让受众和群体接受一个品牌的文化内涵。

1.1.1 活动策划的性质

活动策划的性质在法律上的界定比较模糊，这也反映了对活动管理的法律规制在我国是不太完善的。因此，在理论上普遍地将一项有目的、有计划、有步骤地组织许多人参与的社会集会称为活动，关于这一定义还包括 4 个性质，如图 1-1 所示。

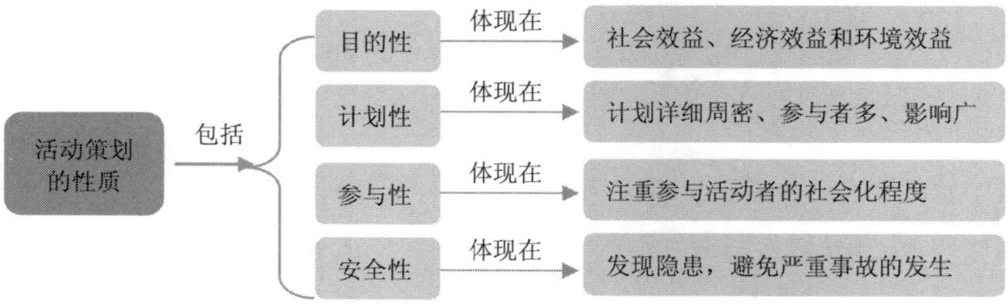

图 1-1　活动策划的性质

1.1.2 活动策划的特点

活动策划者在组织活动和开展活动之前，首先得了解活动策划的特点，而活动策划一般有七大特点，其中包括文化差异性、广泛参与性、品种多样性、相互交融性、时间限制性、区域地方性和富有国际性。下面将以这七大特点来进行详细讲解。

1. 文化差异性

活动策划之所以能吸引不少受众来参与活动，是因为它自己本身就带有一定的文化性，这也是受历史文化长期发展的影响所导致的。

很多的活动策划都会由于一些地理位置的原因，将当地的文化特色和旅游促销结合在一起，其中最具有代表性的就是以地域文化、节日文化和民族文化为主的活动策划，有着浓厚的文化气息及文化色彩，如图 1-2 所示。

图 1-2　以民族文化为主的活动

2. 广泛参与性

因为是活动，就免不了人与人之间的相互接触。随着时代的进步与发展，越来越多的人开始注重活动的参与性，活动策划者在策划活动时也会想方设法地拉近与参与者的距离，如有些地方举办的美食文化节，很多餐饮企业品牌可以通过这一平台来展示自己，让更多的人品尝到不一样的美食，由此可以看出参与性在现在也越来越重要。

很多时候，一场活动的成功取决于参与者人数，参与者越多，达到活动的经济效益的概率就越大。所以，在策划活动时，活动策划者和主办方都希望有足够多的参与者。相反，如果一场活动没有参与者，或者参与者太少，那么这是一场失败的活动。如图 1-3 所示为河北省创建文明城市文艺作品征集评选的投票活动，投票活动是最能体现参与性的一种方式，这类活动就是需要越多的人参与越好，这样才能确保活动进行得顺利。

河北省创建文明城市文艺作品征集评选活动开始投票了！截止时间为11月5日。

吃喝玩乐一条龙服务·尽在京南第一城

由省文明办、省文联、省作协联合举办的河北省创建文明城市文艺作品

图 1-3　体现参与性的投票活动

3. 品种多样性

从活动策划概念来看，可以知道其中的内涵特别广。因此活动策划在表现形式上也会比较多样化，比如节日促销活动、庆典公关活动以及文化娱乐活动、主题文化活动等，种类繁多。而活动的内容也可以形式不一，如产品展示、戏剧音乐、杂技表演等，除此之外还有与经济、文化、商业等多方面相关的活动内容。

如图 1-4 所示为上海旅游节活动，其中活动包括开幕大巡游、南京路欢乐周、街舞大赛等众多活动。

图 1-4　多样性的活动

4. 相互交融性

活动的交融性和多样性有着必然联系，因为很多活动都是相互交融在一起的，其中体现得最多的还是大型活动，如奥运会、世博会、旅游节等，这些大型活动将展示活动、晚会活动等紧紧联系在一起，从而使整场活动变得更加有吸引力，光彩照人。

5. 时间限制性

对于任何活动来说，都会在时间与季节上有所限制。因此每一场活动的策划都是由活动策划者提前在固定时间段中策划好的，还要根据当地的气候条件、交通情况、落实经费等多方面来考虑，而且活动的时间一旦确定就不能随意更改。所以，越是正规的活动，在时间的把控上要求越高。

6. 区域地方性

随着旅游业的发展，在举办活动时还会添加一些地方色彩，体现了主办地的文化，如少数民族的泼水节，就是傣族的传统习俗。

7. 富有国际性

互联网的运用越来越广泛，活动策划者在策划活动时也会有效地利用网络来吸引其他国家的受众，使得活动具有国际性，最能体现这一方面的莫过于旅游业了，如图 1-5 所示，许多外国友人因为受我国历史文化和民俗特色的影响慕名而来，从而使我国的旅游业走上国际化。

图 1-5 旅游业走上国际化

1.1.3 活动策划的优势

企业在选择营销方式、推广手段的过程中，一般需要了解营销方式或推广手段各自的优势，并挑选出对自身产品最有利的方式或手段，这样企业在产品推广、销售的过程中才不会走太多弯路。下面就来了解活动策划的优势。

1. 传播能力强大

企业之所以会进行活动策划，是因为它具有如下三大特征，加强了互动传播能力：

- 感性理性双结合。
- 感性的传播方式。
- 使受众产生共鸣。

企业若想在活动策划中实现信息的传播，就必须要抓住“体验点”设计活动策划，其目的就是让受众在活动中能有一个难忘的、喜欢的体验，这既能提高受众的参与度，又能在受众的体验过程中巧妙地将企业商业信息传递给受众。

2. 信息宣传限制少

活动策划因为可以由主办方自行选择活动举行地点和活动的进行时间，

所以通常很少受到一些常见限制，企业自身经济情况、活动策划内容、受众群体可以自主决定活动策划，不受地理因素和时间因素限制的影响。

3. 品牌形象推广深

活动策划一般来说是围绕一个特定主题开展的。如下所示为开展活动主题的作用：

- 突出企业、品牌、产品形象。
- 调动受众参与程度。
- 实现受众价值。
- 贴近受众生活。

活动主题具有的这些作用，可以为在受众心中增加品牌知名度做铺垫，若能让受众积极参与到活动中，既能让受众在精神层面上感到满足，又能让受众在生活层面上获得娱乐，这样对企业的公关效应具有特别好的作用。

4. 可选受众范围广

一般来说，活动策划的受众范围比较广。当然，企业在进行活动策划的过程中，还需要按照自己用户群体的需求、特点进行策划工作，这样策划出来的活动才不会出现“冷场”的情况。

在活动开展的过程中，只要活动足够吸引人，那么企业产品的潜在用户、之前对企业产品不感兴趣的用户也会愿意主动参与到活动中，在无形之中，又为企业增加了用户群体范围。活动吸引受众的相关分析如图 1-6 所示。

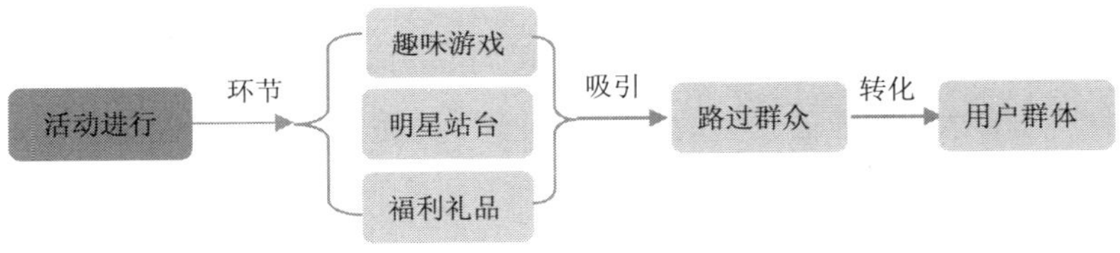

图 1-6　活动吸引受众的相关分析

5. 营销收益成果高

不管是在电视上还是在网络上，绝大多数的广告费都比较高昂，对那些小型企业来说，推广产品的广告费是一项比较大的支出，具体分析如下所示：

- 具有较高的风险性。
- 难以符合当时消费者的需求。
- 活动效果可能不佳。

相对来说，以活动的方式进行产品推广的成本比较低，其效果更加明显，在活动中企业受益程度也要比“冰冷”的广告强几十倍。如图 1–7 所示为企业和受众在活动中能获得的好处。

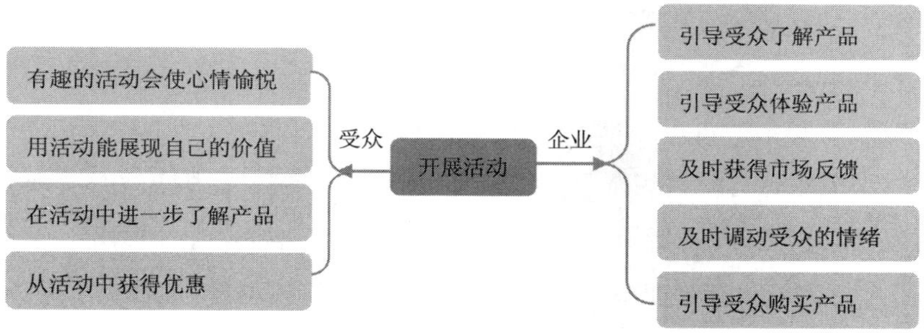

图 1–7　企业和受众在活动中能获得的好处

1.1.4　活动策划的作用

活动策划的存在并不是凭空出现的，它之所以被各大企业看重，是因为它能为企业品牌有效提升在消费者心中的美誉度。下面就来进一步了解活动策划的作用。

1. 吸引群众目光

一个好的活动策划能吸引受众主动参与到活动中，只有受众愿意参与到活动中，才能达到企业通过活动的方式向受众传播商业信息的目的。

2. 宣传品牌形象

对企业来说，一个好的活动策划就是一个提高企业品牌曝光率的有效渠道。消费者积极参与到活动中，就会对活动中出现的所有因素产生“自主注意”意识，届时，企业在活动中注入的商业信息也不会让消费者产生厌恶的感觉，他们反而更愿意接受，这样就会大大提高商业信息或品牌的曝光率。

例如，腾讯 QQ 与多家品牌商家联合推出的“运动送红包”的活动，也大受人们的关注。在活动的过程中，用户只要每天都打开 QQ 计步，晚上点击“QQ 运动”就能看到商家赠送的红包，这种方式不仅能让每个人通过运动锻炼身体，还能在获得者心中提升对商家的好感。如图 1-8 所示为在腾讯“QQ 运动”上的商家红包。

图 1-8　在腾讯“QQ 运动”上的商家红包

在活动中，通过受众的广泛参与，企业品牌商家也能从中获得诸多收获，具体分析如下所示：

（1）提高品牌形象。

（2）增加潜在用户。

（3）完善用户画像。

（4）提高产品的曝光率。

（5）提升风险管控能力。

3. 培养用户感情

对品牌来说，活动是培养核心用户和留住长期客户的重要手段，如果说产品是营销的关键，宣传是营销的主力，那么顾客就是营销的服务主体。

想要获得稳定的客流，就要让顾客了解你的品牌价值，而通过活动向用户灌输品牌价值是非常好的方法。对新顾客来说，首次消费优惠活动能让他们对品牌留下良好的第一印象；对老顾客来说，稳定的回馈活动能增加他们对品牌产品的依赖度；对忠实顾客来说，定期的会员活动能维护他们对品牌的信任与支持。相关分析如下所示：

（1）首次消费优惠活动：如手游首充福利、电商下单优惠等。如图 1-9 所示为某游戏公司的首充优惠活动，活动通过首充送大礼包的方式吸引用户，对用户来说，确实是一次不错的选择方式，因为第一次优惠活动的力度是最大的，通过优惠活动可以用低价买到自己想要的东西，并且商家还会附送其他小礼品。

图 1-9　手游首充优惠活动

（2）累计消费回馈活动：超市、商城累计购物送礼品，这种活动一般是为了维护老顾客对品牌的支持与信任，如图 1-10 所示。

图 1-10　累计积分送礼活动

（3）会员消费折扣活动：品牌会员中心活动和商店会员办卡活动，这种活动能增加顾客对品牌产品的依赖度。

4. 增进客户之间的交流

一个好的活动策划，并不只是对企业有好处，对参与活动的受众来说也是益处多多，最大的好处在于能促进受众之间的交流，增加受众之间的情感。

人们可以通过活动，与自己的亲朋好友联系在一起，一起分享活动的快乐，也可以在活动中结交新的朋友。活动就成为人与人之间加深情感的桥梁。

例如，今日头条“今日发财年”活动中的受众间的交流非常突出。使用今日头条的用户每天有两次抽金卡的机会，登录的用户有3次抽金卡的机会，对于重复的金卡，用户与用户之间可以相互交换。这一设计可以让用户主动将自己的朋友引进今日头条中，也能维护用户与用户之间的感情。如图1-11所示为用户之间相互交换金卡。

图1-11　用户之间交换金卡

1.2　活动策划的分类

因为活动策划的种类太多，所以可以从活动策划的定义上，按照不同的分类标准对活动策划进行分类。

1.2.1　以属性进行分类

从活动属性上分类，可以分为传统节日活动、现代庆典活动和其他重大活动 3 类。下面就对这 3 种类型的活动进行详细分析。

1. 传统节日活动

从历史文化发展的角度看，节日活动又可以分为古代传统型和现代纪念型两种。

（1）古代传统型：顾名思义，就是从古代流传下来的一些传统节日，如端午节、元宵节、重阳节、中秋节等，不少企业品牌也会以这些节日为契机来举办促销活动，如图 1-12 所示。

图 1-12　以重阳节为契机开展的特惠活动

（2）现代纪念型：这类活动一般是指有纪念意义的日子，如国庆节、劳动节、妇女节等。

2. 现代庆典活动

通常来说，现代庆典活动一般与生产劳动和日常生活有着密切联系，常见的有深圳的荔枝节、广州的花会、青岛国际啤酒节和上海国际音乐烟花节及各种影视文化节等，如图 1-13 所示。

图 1-13　现代庆典活动中的青岛国际啤酒节

3. 其他重大活动

重大活动一般体现在大型会议、体育盛事和大型展览上，这类活动的规模通常比较大，而且人数也比较多。比如体育盛事活动，其中举行最多的就是奥运会、世界杯等之类的活动，除了参赛选手，还有记者、教练员、观众等参加，其规模庞大，如图 1-14 所示。

图 1-14　规模庞大的体育盛事活动

对一些自然旅游资源贫乏的国家和地区来说，举办大型体育活动可以吸引游客参观，从而带动经济发展，还能提高国家和地区的知名度。

1.2.2 以地域位置进行分类

因为地理位置的不同，很多地方存在差异性，所以活动策划者在选择活动类型时也可以从地域位置来划分活动类型。

1. 国际性活动

一般而言，国际性活动的参与者来自世界各地，因此国际性活动在世界上也是有着重大影响的，同样对活动的举办方的要求也是极其高的，如戛纳国际电影节以及世界博览会等。如图 1–15 所示为戛纳国际电影节活动现场，其是世界上最顶尖、最具影响力的国际电影节之一。

图 1–15 戛纳国际电影节活动现场

2. 国家级活动

国家级活动相较于国际性活动其影响范围要小一些，其主要是在一个国家举行，参加活动的人都是国内的居民，比较常见的活动有足球联赛、全国选秀活动等，如图 1–16 所示。

图 1-16　国家级的全国选秀活动

3. 城市级活动

城市级活动往往限定于国内一个城市的小范围内，这类活动的目的主要是调动市内市民参加，从而宣传品牌推广，开展市场营销，比如旅游节、文化节等。

1.2.3　以活动内容进行分类

因为活动策划的类型比较多样化，所以活动的内容不可能都是一样的。下面就来了解怎样根据活动内容划分活动类型。

1. 节日庆祝活动

节日庆祝活动是一种以主题为主、约定俗成的社会活动，也是人们表达热爱生活的一种方式，更多的表现方式以庆祝为主。

2. 文化艺术和娱乐活动

艺术是人们以个体创造表达出来的一种精神活动，主要以形象、意境和审美意象表达情感及观念，在当今社会，随着物质生活水平的提高，人们慢慢开始有了精神追求，也就有不少人在艺术追求的道路上越走越远，常见的艺术活动有国际图书节、视觉艺术节等。

娱乐活动是一种可以让人们放松身心、打发时间的休闲活动。在空闲之余，不少人也会选择参加一些适当的娱乐活动来放松身心，因此娱乐活动也越来越受到大众的欢迎。

3. 展览活动

展览是将作品或商品放在一个地点陈列展现出来的一种方式，展览活动同时也是由信息、娱乐和通信一起相结合形成的，还是能面对面沟通营销的最佳方式。如图 1-17 所示为某地区举办的车展活动，活动的参与者可以通过现场获得最直观的感受与体验，与举办方面对面交流，解决心中的疑问，从而提高营销效率。

图 1-17　车展活动

4. 商场营销和促销活动

商场营销和促销活动是生活中最常见的活动，其目的就是吸引消费者、促销产品和挖掘潜在客户。如图 1-18 所示为某化妆品店的现场促销活动，活动中采用一些娱乐互动的小游戏来吸引消费者，使得活动举办得很成功。

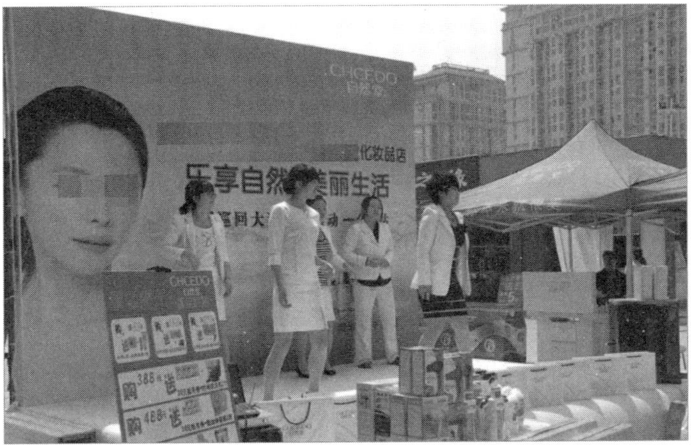

图 1–18　某化妆品店的现场促销活动

1.2.4　以主办单位进行分类

活动的策划者会根据活动的目的来策划活动，但对于活动的主办方也是有选择的，根据主办单位可以划分为以下几种活动类型。

1. 政府性

政府性活动一般是由政府机构出面组织的活动，其目的是促进地区经济发展和社会服务，或解决当地人们的一些需求，如图 1–19 所示为政府举办荔枝节活动。

图 1–19　政府举办的荔枝节活动

2. 民间性

除了由政府组织的活动，人们也可以自主组织发起活动，一般此活动的发起人以少数民族居多，像傣族的泼水节、回族的开斋节、彝族的火把节等，如图 1–20 所示。

图 1–20　民间性的代表活动

3. 企业性

企业组织的商业活动称为企业性活动，如上海桂花节、大连服装节等，如图 1–21 所示，举办服装节的主要目的是弘扬服饰文化，丰富人民的生活，促进国际之间的交流以及推动经济发展。

图 1–21　大连服装节

1.3 活动策划的发展历程

随着我国各行各业的发展，一些活动伴随着行业的发展从无到有逐渐开始成长起来，活动策划也变得越来越重要。

“活动”这两个字对我们来说并不陌生。活动最早出现在远古时期，那时活动形式主要以祭祀为主，如祭天地、祭祖宗、祭神灵等。随着时代慢慢演变，出现了各民族的节庆活动，也是在这一时期，多种多样的活动形式经过了人们不自觉地开展到后来的自主组织形成的过程。

1.3.1 活动策划的初始时期

在近现代时期，我国在各方面都得到了全新的发展，各行各业的发展都有着无限的可能性，到处散发着生机。在那时我国主要以旅游发展大格局为基础，全力开发旅游资源，因此忽略了其他会展业和活动组织的重要性，也没有意识到活动策划的重要性，导致活动组织方面发展缓慢。

1.3.2 活动策划的发展时期

在 20 世纪 90 年代，旅游业发展突飞猛进，国家旅游局开始在国际上举办主题活动，并且在全国各地联合举办了各种形式不一的文化活动，在当时还形成了一定的影响。也是在这时，人们忽然意识到活动策划对活动的重要性，利用举办活动来吸引广大受众并推动经济的发展。正因为如此，后续才有那么多企业和品牌通过开展活动来达到其目的。

1.4 活动策划中的文案作用

现今的营销和活动都是宣传先行，而说到宣传，就不得不提到文案，文案对于宣传推广具有不可替代的重要作用。而对于活动来说，文案也有着重要的推动帮助作用。文案作为营销最常用、最好用的手段经常出现在各种营销活动中，它可以给活动带来巨大的助力。

文案对活动策划的帮助主要表现在两个方面，即宣传造势、提供创新。下面就从这两个方面出发，分析文案带给活动什么样的帮助，以及从哪些方面进行帮助。

1.4.1 大力宣传，为活动提前造声势

宣传是文案最常用到的一个功能，不管规模大小，一般意义上的活动都会用到这一功能，因为对活动来说，宣传十分重要。

由于活动一般不会持续很久，所以一旦宣传不到位，活动时没有足够多的人来参加，活动效益就会大打折扣。因此，很多活动会在活动进行前就开始宣传造势，力求将宣传对活动的帮助作用发挥到最大。

宣传力度并非越大越好，还要根据活动的规模来适量考虑，因为活动的规模是与活动的承载量挂钩的。

如果活动规模比较小，再进行大力宣传，吸引到超出活动服务能力的受众数量，那么必然会导致大部分受众得不到很好的活动体验，甚至根本无法参加活动，这样就会给活动的口碑带来很不好的影响，不仅不利于活动的长期、定期举办，还会使活动效益转化率变得十分低下。

如果活动的规模比较大，但宣传却不“给力”，就会直接影响到活动的收益。

另外，根据活动规模大小的不同，文案宣传的形式也会不同，相关分析如图 1-22 所示。

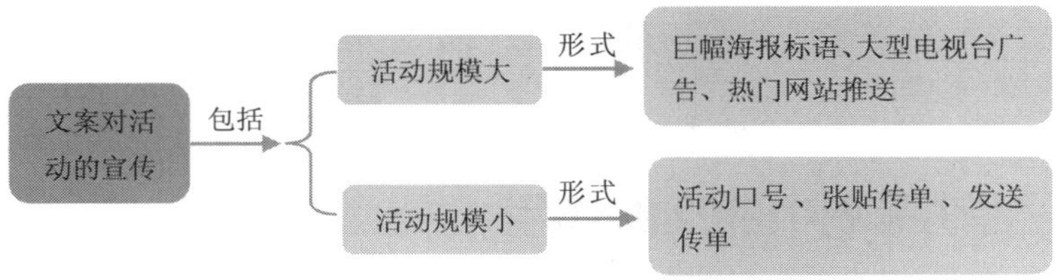

图 1-22　文案根据活动规模发挥不同形式的作用

文案对活动的宣传不能仅仅停留在只是将活动信息告诉受众，虽然这一点也很重要，但是文案对活动宣传的帮助还可以有更多的内容。

优秀的文案对活动宣传的帮助不仅体现在可以将活动信息精准地传送给

受众，还体现在能为活动吸引受众。要做到这一点可以从 3 个方面出发，分别是精准传递活动信息、紧扣活动主题和创意性文字。下面对这 3 个方面分别进行简要的讲解。

1. 精准传递活动信息

活动的宣传文案一定要能精要准确地向受众传递活动的详情信息，最基本的有 3 点，分别是活动的具体地点、活动的具体日期和活动的具体时间。

有了这 3 点基本信息，受众第一时间就能将其与自己的预订日程进行对比，考虑自己是否去参加活动，有意向参加的受众也能根据这些信息调整自己活动时的行程。

此外，如果可行，那么最好在活动的宣传文案中对活动的内容进行简要说明，将活动的要求和规则列出来，如图 1–23 所示为某活动的文案宣传设计，不仅明确传递了活动日期和活动地点等基本信息，还给出了简短的参与方式介绍，并且有联系电话，提供给受众进一步了解活动详情的方式。

图 1–23　某活动的文案宣传设计

2. 紧扣活动主题

活动的宣传文案的主要内容通常是一句活动口号和简短标语，如图 1-24 所示。

图 1-24　优惠活动的标语文案

当然，也有部分活动采用较长、较详细的文案作为宣传，如图 1-25 所示。

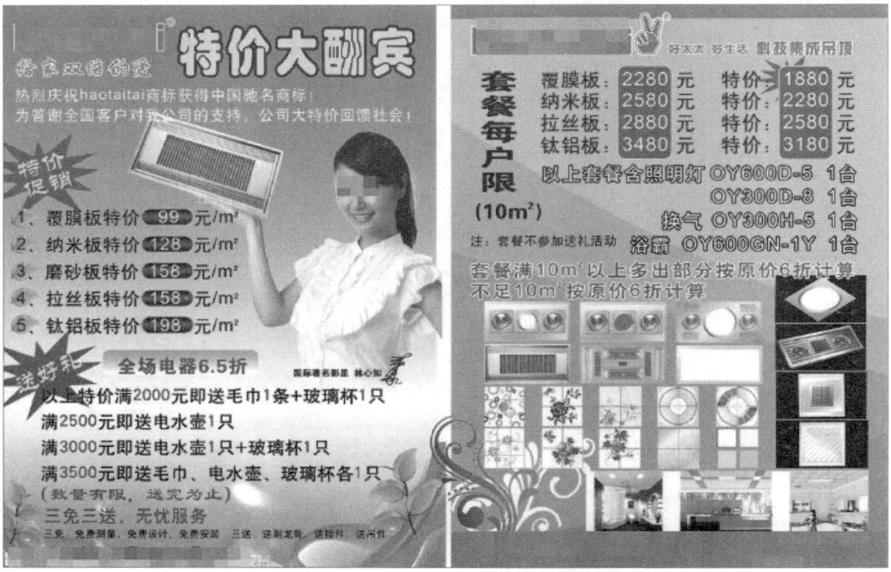

图 1-25　某公司促销活动的宣传文案

文案的长短并不与文案的宣传效果有直接联系，长文案有长文案的好处，短文案也有短文案的优势。重点是不管文案是长是短，都要突出活动的主题，紧扣活动的主题。

只有主题明确的活动宣传文案才能对活动的宣传工作起到实质性的作用。如果宣传文案的内容没有紧扣主题，那么会导致受众接受活动信息受阻，甚至根本不明白活动是什么以及要干什么。活动主题没有得到宣传文案的充分展示，受到宣传的受众无法定位活动，也就不清楚自己是否需要参加活动。而这一系列的因果联系最终就会导致活动人流量大减，宣传工作彻底失败，具体分析如下所示：

文案内容情况 →未能反映活动主题 →传播广大群众 →出现两种情况：一种是无法理解活动的受众不能定位，不参加；另一种是错误理解活动的受众预期落空 →留下不好印象 →最终活动效益和口碑都落空、失败。

宣传文案要想紧扣活动主题，可以从如下两方面出发：

- 直接突出活动主题。
- 表现活动主要内容。

如图 1-26 所示为某商家在端午节期间的促销活动宣传文案，其中最为显眼的“礼惠端午”就很好地凸显了活动以端午节为主题。

图 1-26　直接凸显活动主题的宣传文案

如图 1-27 所示为某商家推出的促销活动宣传文案，文案内容直接说明了活动的主要内容是砸金蛋赢奖品，从而吸引了对砸金蛋赢大奖很有兴趣的受众，使活动得到了很好的宣传。

图 1-27　直接表现活动主要内容的宣传文案

3. 创意性文字

活动宣传文案的文字内容也是需要重视的一点。活动宣传文案为活动吸引受众，基本上借助的就是创意新奇的文字，并且优秀的文字内容还可以引发受众的想象，传达出活动的精神内涵，以及让受众自发地宣传活动信息，相关分析如图 1-28 所示。

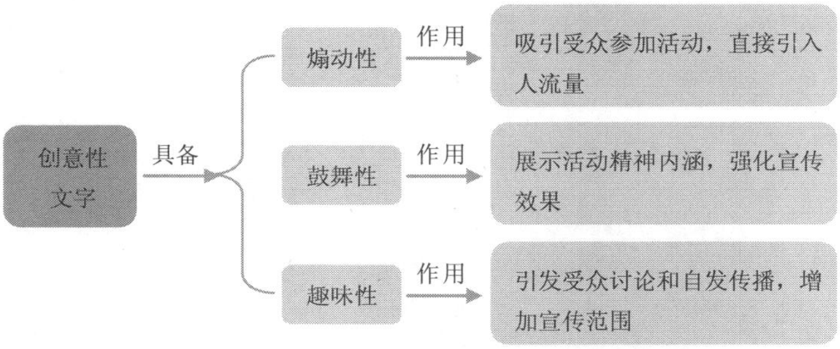

图 1-28　创意性文字作用的相关分析

如图 1-29 所示为某活动的宣传文案，鲜明的蓝白配色十分惹眼，文字内容表现出强大的鼓动性，配合上下方的“一早的鼓励，唱给你听”，充分地将文字的煽动性表现出来。

图 1–29　充满煽动性的活动宣传文案

如图 1–30 所示为某公益献爱心活动的宣传文案，文案中“传递爱心，温情汇聚”等文字内容十分具有正能量，能够鼓舞人心，让受众一开始就对活动有一个良好的印象，这些文字加强了文案的宣传效果。

图 1–30　充满鼓舞性的活动宣传文案

如图 1–31 所示为某水果店宣传活动的宣传文案，以“买个榴梿回家跪”为突出的文字内容，借势当红的网络用语，充满趣味性，容易引起受众的注意和传播。

图 1-31　充满趣味性的活动宣传文案

1.4.2　创造新意，为活动充满生命力

创意在当下这个互联网风行的社会中是一种紧俏品，有创意、有新意的信息才能在海量的信息中得到更多人的关注，也更容易实现自身的目标价值，所以如今各个行业都在寻求创新，博关注，如图 1-32 所示。

活动策划中也出现了一些新类型的活动，比如网络上现在流行的团购活动，还催生了大量的团购网站，如美团、大众点评、糯米网、点评团等。

图 1-32　创意作品

然而活动策划毕竟是一个需要实践验证的工作，对活动整体的形式做出创新还是比较困难的，况且在以盈利为核心目标的商业活动策划中，也会尽量避免使用没有得到实践、充分验证效益的新型活动类型。

这时，文案对活动策划的又一大作用可以得到充分发挥了。文案除宣传外的另一大功能就是包装，如果难以在形式上创新，就可以在包装上创新。

文案对活动的包装创新一般体现在对活动口号的创新上，富有创意的活动口号总能让你的活动比同类型的活动更加“新鲜”，如图 1–33 所示。

图 1–33　创意招聘活动口号

1.5　活动策划中的新形式

网络是当今社会的一个重要组成部分，现在的社会已经离不开网络了，大多数人的生活中不能缺少网络。网络可以让我们的生活变得更加便捷，让我们可以轻松出行，简装旅行。网络也可以改变我们的生活方式，让我们足不出户便可以知晓天下大事。

1.5.1 活动策划中的网络运用

网络似乎在改变一切，出行方式、沟通方式、支付方式等，当然，其中也包括活动策划。网络不仅使人的生活变得更加便捷，也为活动策划提供了许多便利，主要表现在 6 个方面，即小窗口、大平台，大活动、小团队，低成本、高效益，快宣传、大影响，小规模、大营销和大数据、精分析。下面就对这 6 点进行详细分析。

1. 小窗口、大平台

据中国互联网络信息中心发布的第 39 次《中国互联网络发展状况统计报告》显示，截至 2016 年年底，中国网民规模达 7.31 亿人，手机网民规模达 6.95 亿人。另据国际电信联盟的统计数据显示，到 2016 年年底，全球网民数量已突破 35 亿人，约占世界总人口的一半。如此庞大的群体还在继续增长，并且会随着信息技术的发展和互联网的进一步普及，增长得越来越快。

从上述信息中可以看出互联网的普及率已经非常之高，具有相同内容的电脑屏幕或手机屏幕后可能链接着千千万万的互联网用户，而这千千万万的互联网用户都可以成为活动的受众。

2. 大活动、小团队

互联网提供的多种多样的便捷服务改变了人们的日常生活，也改变了活动策划的人员组织。这种改变主要体现在如下两方面。

（1）执行能力：随着智能化技术的不断发展与应用，很多基本、单一的工作已经可以由机器或程序代替人来完成，如工厂车间的自动化生产流水线、物流仓库的智能管理系统等，智能化技术本就是从网络科技中发展出的技术，其与互联网的结合自然也是最为容易和高效的，因此活动策划的许多工作可以由程序代为完成。这就直接使得活动策划团队的工作执行变得简单，执行能力得到加强。

（2）策划水平：从事基础工作的人员被程序或 AI 人工智能代替后，活动策划团队留下的人员都从事无法被代替的工作，这样互联网对活动策划团队的人员组织结构将会产生影响。这些容易受到影响，被留下的人员往往是活动策划团队的核心人物，他们的竞争对象一般不是团队内的其他成员，而是其他活动策划团队。在活动执行能力被强大的互联网技术拉到差不多的平面时，活动策划需要竞争的就是策划水平的高低。

3. 低成本、高效益

互联网降低了活动的举办成本。俗话说“一分钱难倒英雄汉”，在如今这个资本经济为主导的社会中，金钱的力量更为重要。互联网可以使活动成本降低，主要表现在如下 3 个方面。

- 人员成本：程序简化或代替基础工作，同一项工作的参与人员减少。
- 宣传成本：互联网社交媒体平台入驻成本低，宣传方式多样。
- 环节成本：网络提供大量参考数据，网上活动不需要租用场地。

4. 快宣传、大影响

互联网对宣传推广产生了巨大的影响，网络可以让信息跨时间和跨空间地传播，大大加快了宣传推广的影响速度。活动宣传是否到位是决定活动成功与否的先决条件，对活动来说至关重要，活动信息一定要快速、及时并且准确无误地传达给受众，因此活动策划者进行前期宣传工作时一定要充分利用好互联网提供的帮助，互联网可以使活动快速宣传，表现在如下 3 个方面。

（1）信息发送：信息传递的即时性一直是互联网平台相较于传统平台的一大优势，互联网对信息的即时发送，可以第一时间将活动的信息传递给受众，这对活动的前期宣传来说十分重要。

（2）渠道选择：互联网不仅可以让活动信息第一时间被受众接收，还可以同时让活动信息被大量受众接收。互联网为活动的宣传提供了多种多样的宣传渠道，不同的渠道有不同的受众，活动的宣传信息可以同时在这些渠道中发布。这也就意味着活动可以同时对数量庞大的受众群体进行宣传工作，极大地扩大了活动的影响范围。

（3）信息修改：指互联网上信息修改、更正可以及时生效，这是一个互联网提供给活动宣传的十分关键的便利帮助，虽然它不经常被使用，但在关键时刻却能发挥极为重要的作用。

5. 小规模、大营销

互联网营销是现今行业内的一个热词，互联网营销是指利用数字化的信息和网络媒体的交互性来辅助营销目标实现的一种新型的市场营销方式。简单地说，互联网营销就是以互联网为主要手段进行的，为达到一定营销目的的营销活动。如今各行各业都在利用互联网提供的便捷强大的功能进行互联网营销，活动也可以借助互联网的强大功能实现自身的营销目标，扩大营销成果。

互联网为活动营销提供的便捷之处主要表现在如下 3 个方面。

（1）降低成本：互联网营销使企业产品的销售成本和上市价格能够得到大幅降低，为其节省了巨额的促销和流通费用，这也使得众多企业开始进驻互联网营销领域。在互联网购物的大环境下，网购消费者倾向于价格低、品种全的商品，而互联网营销活动正好可以比较好地满足这两点，这也使得互联网上开展的营销活动易于被消费者接受。

（2）提供渠道：互联网还为企业的营销活动提供了丰富的营销宣传平台，企业可以通过互联网上的社交媒体平台或门户网站投放营销广告，这些销售渠道不仅可以使企业能够快速直接地得到消费者的反馈，还可以绕过中间商，减少产品流通环节。产品流通环节的减少就意味着产品流通的成本降低，企业能够快速直接地得到消费者的反馈，也就能直接向消费者宣传品牌价值，扩大营销效果。

（3）满足个性：以消费者为主导是互联网营销的最大特点。在网络上消费者拥有极大的选择权，消费者可根据自己的个性特点和需求在覆盖全球范围的互联网中寻找消费需求的满足，不受地域限制。面对消费者如此多样的个性化需求，营销活动也要提供多样的个性化服务，这样才更容易向消费者传递品牌价值和吸引消费者消费。

6. 大数据、精分析

在信息高速传播的今天，企业的行业环境也在迅速变化。传统经验迅速过时，经验已成为阻碍正确决策的绊脚石，用户的个性化需求越发明显，数据信息也变得海量。一切都驱使企业从依靠经验驱动运营发展转向依靠数据驱动发展，而活动策划也需要顺应企业发展趋势，越来越多地依靠数据分析来进行，在瞬息万变的互联网行业中，大数据的作用显得更加重要，大数据的特点主要有 5 点，即大量、高速、多样、价值密度高和真实性。

1.5.2 线上活动具备的优势

活动一直是深受人们青睐的社会活动方式，随着时代的进步，活动也从最初的简单集会进化到现在的多种种类、多种方式。如今，借助网络的发展，活动进入了一个全新的领域，即暂时离开现实世界，将主场放到虚拟的网络世界中，现在互联网上已经出现了多种活动形式，常见的有如下几种类型。

- 社交平台活动：转发有奖活动、评论抽奖活动等。
- 视频网站活动：征集创意活动、投票竞选活动等。
- 直播平台活动：直播综艺活动、弹幕互动活动等。

我们将这些主要在互联网上进行的活动统称为线上活动，一般的线上活动具备线下活动所不具备的一些优势，主要有限制更少、传播更快、引流更易、影响更强、收益更高和门槛更低。

下面就详解线上活动的这 6 点相对优势。

1. 限制更少

与线下活动相比，线上活动的限制更少，或者说被限制得更少，这主要是由网络科技和网络环境两方面的原因导致的。

线上活动凭借天然的优势使其相较于线下活动受到的限制更少。线上活动受到更少限制的表现主要有以下 3 方面。

- 环境限制：包括场地规模、天气状况和现场情况。
- 时间限制：包括时间习惯、持续时间和即时参加。
- 技术限制：包括活动环节、资料留存和服务能力。

2. 传播更快

现今世界没有什么东西传播信息的速度能和网络一样快，就更不用说比网络传播速度更快的东西了。现在的互联网能有如此强大的信息传输能力主要得益于两个方面的原因：一个是通信技术的发展提高了信息的传输速度，从而使信息传播的速度变快；另一个是计算机技术的发展让信息处理能力增强，从而使信息传播数量增多。

线上活动相较于线下活动信息传播速度更快主要表现在信息准备快、信息更新快和信息见效快 3 个方面，在互联网上进行的线上活动有着速度上的绝佳优势。

3. 引流更易

网络世界有着现实世界无法比拟的吸引流量能力，这主要有突破地理空间限制和综合多种表现形式两个方面的原因。

基于网络平台的线上活动正好可以依靠互联网的强大引流优势为自身吸引流量，具体分析如图 1-34 所示。

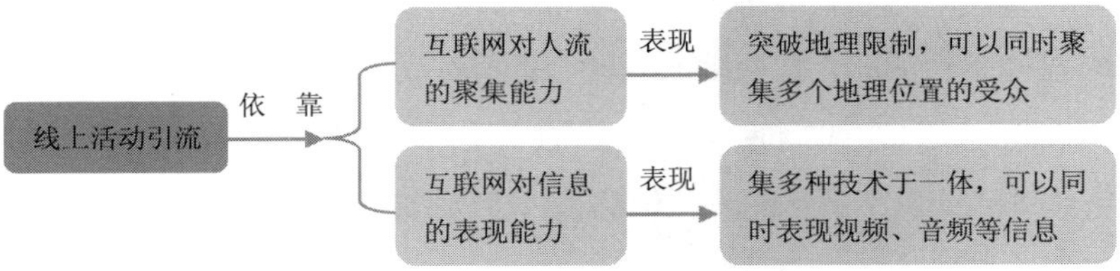

图 1-34　线上活动引流更快的表现

4. 影响更强

网络的普及让互联网的影响力变得十分巨大，互联网上的信息不仅让人们乐于接受，同时也改变着人们的思维习惯和生活方式。互联网如此具有影响力主要有两方面的原因，分别是传播能力强和用户群体大。

基于网络平台的线上活动的影响力也随着互联网影响力的扩张而得到加强，具体分析如图 1-35 所示。

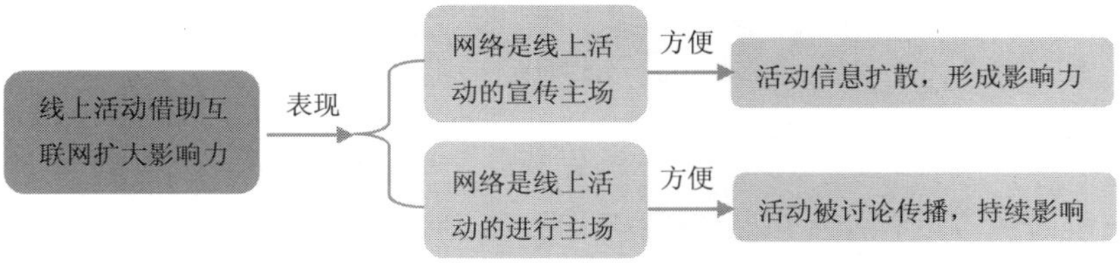

图 1-35　线上活动借助互联网扩大影响力

5. 收益更高

线上活动为企业带来的收益是丰厚的，对于这一点我们从各种大型线上活动公布的成果数据中不难看出。比如支付宝的春节“集五福”营销活动和淘宝的“双十一”促销活动就是很好的两个例子，前者的总参与次数达到了惊人的 3245 亿次，后者的交易额更是超过了 1 207 亿元，比一家线下的大型百货商场 5 年的销售额还要多。

线上活动能有如此高的收益，主要是由于 3 个方面的原因。下面就以常见的线上促销活动为例进行具体分析，如图 1-36 所示。

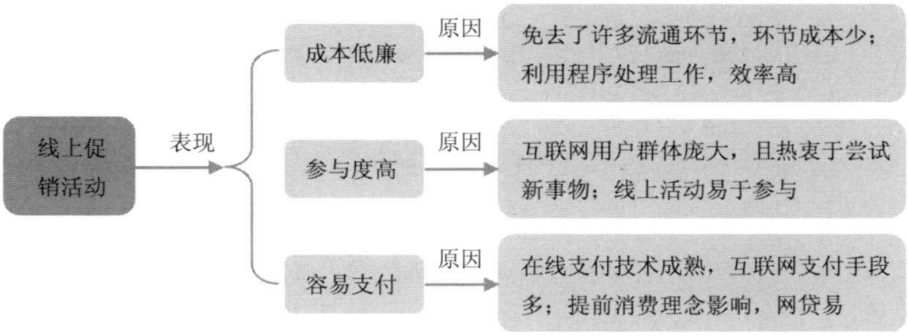

图 1-36　线上促销活动收益高的原因分析

6. 门槛更低

线上活动与线下活动相比最突出的优势就是门槛低，也许对于其他方面的相对劣势，比如宣传、引流等方面 ，线下活动可以借助互联网的帮助来进行弥补，但线下活动无法避免地会受到成本效益、地理位置等诸多方面的限制，参与活动会不及线上活动便利。

因为线上活动最低的参与门槛就是看你在网络普及的社会中有没有一台价值要求不高，可以正常上网的设备。

线上活动门槛可以设置得如此之低，主要得益于两个方面的原因，具体分析如图 1-37 所示。

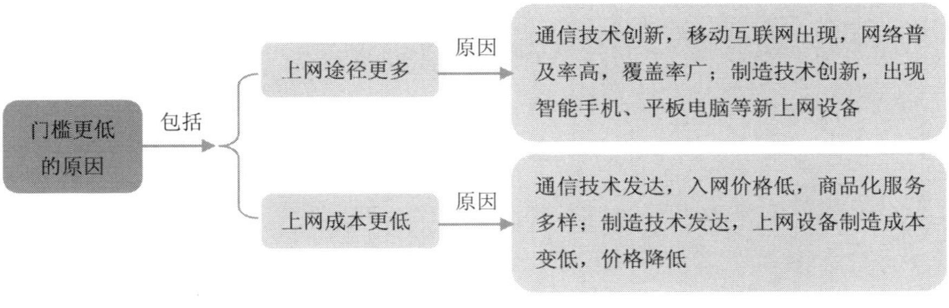

图 1-37　线上活动门槛更低的原因分析

第二章

主体思路——提高有效性少走弯路

企业在进行活动策划的过程中，千万不要毫无计划、凭感觉来策划活动，否则策划出来的活动，有效性非常低。因此，本章将从活动策划的要点步骤、七大原则和实战心得等多个方面来进行讲解，让活动策划者在策划活动的过程中少走弯路。

本章主要内容包括：

➢ 活动策划的要点步骤

➢ 活动策划的七大原则

➢ 活动策划的实战心得

➢ 调研活动策划市场

➢ 剖析消费者行为，明确市场目标

2.1 活动策划的要点步骤

之所以要对活动进行策划，是因为这会让活动变得更有意义，能为企业实现更高的目标。活动从开展到结束，此过程中的人员配备、活动地点、活动宣传等方面都需要一定成本，若企业不进行一番好的策划就开展活动，那么很有可能造成活动成本增加但活动效果不明显的效果，到时企业真可谓“赔了夫人又折兵”。

因此，企业需要牢记活动策划的要点步骤，根据要点来进行活动的策划工作。下面就来了解活动策划的要点步骤。

2.1.1 确定活动根本目标

进行活动策划前首先要明确活动的根本目标，活动目标不清楚就无法构思具体的活动步骤，在不清楚活动目标的情况下靠臆测贸然组织活动策划工作很可能让后续的工作难以进行。所以活动策划负责人在接手活动策划工作时，一定要向委托人或者主办方了解清楚活动的根本目标再进行后续工作。

根据活动的根本目标的不同，会有不同的活动策划方式。如果活动的根本目标是宣传品牌形象，活动地点又指定在人口密集的大城市，可以邀请明星举行盛大的文娱晚会，再联系一些知名媒体进行转播，以此造成巨大的社会影响来宣传品牌。但因为现今明星综艺表演节目众多，很多品牌都选择了冠名赞助这些节目的方式来进行宣传，这也不失为一种好方法。

如果活动的根本目标是提升企业形象，就可以由企业主导，进行一场公益活动，提升企业在社会大众心目中的形象，如图 2-1 所示。

图 2-1　××企业举办的公益活动

如果活动的根本目标不是宣传而是赢利，就可以以产品促销为中心，举办一场盛大的营销活动。因为营销活动容易引起一些人的反感，同时为了让效益最大化，所以一般应选择在节假日进行活动。

如果活动的根本目标是既想宣传品牌，又想促销赢利，就可以考虑将活动策划搬到互联网上进行，利用网络的强大功能来实现降低成本、扩大宣传的目标，目前这方面做得最成功的非“双十一”购物狂欢节莫属，如图 2-2 所示。

图 2-2　“双十一”活动宣传海报

2.1.2 策划活动总体方案

企业在进行活动策划之前，需要制订简单的活动总体方案，策划出一个大体的活动雏形，为后续工作提供有效指导。

一般来说，在活动总体方案中至少要列出如下 6 个事项：

- 明确活动主题。
- 确定活动时间。
- 确定活动地点。
- 确定活动对象。
- 安排活动流程。
- 估算活动经费。

在上述 6 点中，被确定的活动对象一般是企业的忠实用户和潜在用户，所以活动的时间和地点要根据企业忠实用户的特点和需求来决定。在进行活动策划之前，活动总体方案无须太过详细，不要花太多的时间在策划活动前的准备上，只需满足简单、明了、易懂 3 个要求即可，内容无须过多，方案要素需全面。

2.1.3 掌握活动整体预算

对活动策划者来说，需要将活动的经费去向罗列清楚，只有这样才能把控好活动经费的支出，也能让企业管理者快速了解活动经费的去向，从而放心地将活动经费交给活动策划者。活动策划者需要根据活动类型、活动项目、企业具体情况来制作真实、合理、详细的活动整体预算表。例如，需要为 ×× 产品举办新品发布会活动，其整体预算表如表 2-1 所示。

表 2-1 活动整体预算表

活动名称	×× 产品新品发布会			
活动主题	将 ×× 新产品正式向外推广			
用途	**项目**	**单价**	**数量**	**总价**
前期推广	在电视上投放广告	45000 元 / 天	7 天	315000 元
	制作传单	1 元 / 张	10000 张	10000 元
	制作邀请卡	2 元 / 张	100 张	200 元

续表

用途	项目	单价	数量	总价
场地租借	×× 酒店大厅	24000 元 / 天	1 天	24000 元
设备租借	椅子	5 元 / 把	200 把	1000 元
	摄影设备	3000 元 / 台	3 台	9000 元
	投影机	5000 元 / 个	1 个	5000 元
	桌子	10 元 / 张	10 张	100 元
	音响	400 元 / 个	2 个	800 元
	话筒	50 元 / 个	4 个	200 元
发布会上的节目	礼仪小姐走秀	600 元 / 人	10 人	6000 元
	专业串场节目	1000 元 / 次	3 次	3000 元
临时雇用劳务费	签到人员	200 元 / 人	4 人	800 元
	摄影师	500 元 / 人	3 人	1500 元
	主持人	600 元 / 人	1 人	600 元
	保安、场地人员	360 元 / 人	25 人	9000 元
不可预计花费				10580 元
总计				396780 元

活动策划者在制作活动整体预算表时，需要遵循真实详细、凑整、不超过 10% 和具体分析这 4 个原则，具体分析如图 2–3 所示。

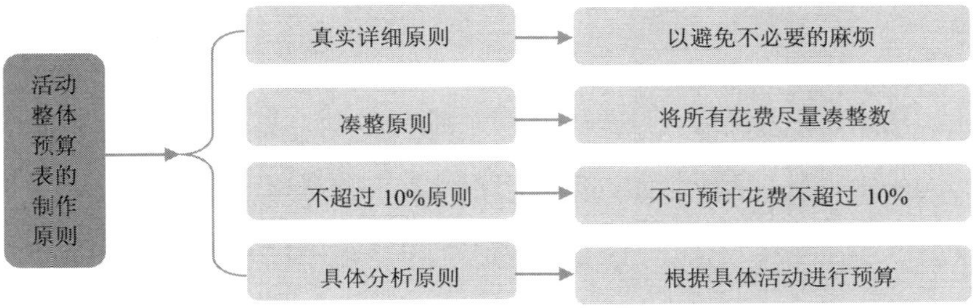

图 2–3　活动整体预算表的制作原则

2.1.4　制订活动工作安排

制订活动工作安排表也是活动策划者所需要关注的问题，更是活动策划不可缺少的一环。活动策划者在进行工作安排时，需要细分工作表，严谨地将工作分配到合适的部门、分配给合适的人，且制订合理的、具体的完成时间。还是以举办××产品新品发布会活动为例，其活动工作安排表如表2-2所示。

表2-2 活动工作安排表

活动名称	××产品新品发布会		
活动主题	将××新产品正式向外推广		
活动开始时间	2019年6月17日13:30		
工作	**分配部门**	**时间**	**日期**
确定会场	人事部门	5天	2020年4月15日—2020年4月19日
会场购买使用物料	采购部门	10天	2020年4月22日—2020年4月30日
发送邀请函	人事部门	一星期	2020年5月5日—2020年5月10日
会场设计	设计部门	10天	2020年4月22日—2020年4月30日
会场布置	设计部门	三星期	2020年5月5日—2020年5月24日
检查会场	审检部门	三星期	2020年5月27日—2020年6月17日12:00
临时雇用人员	人事部门	两星期	2020年5月20日—2020年5月31日
宣传广告	产品宣传部	一星期	2020年6月10日—2020年6月14日

活动策划者在安排工作时，最好将时间安排到分钟，越精确越好，这样可以克服工作落实慢的弊端，避免活动当天出现问题。

2.1.5 确定活动具体流程

在活动策划中活动具体流程表也是一个重要要点，活动策划者需要将活动当天的流程安排到位，将它们一一列举出来，让领导、操作人员知道活动大概的整体流程，这样才会使活动更加严谨，更容易举办成功。依然以××新品发布会为例来大致了解活动具体流程表，如表2-3所示。

表2-3 活动具体流程表

活动名称	××产品新片发布会	
活动主题	将××产品正式向外推广	
活动开始时间	2019年6月17日13:30	
流程	**时间**	**具体描述**
签到	2020年6月17日13:30—2020年6月17日14:00点	记录参会媒体

续表

流程	时间	具体描述
主持开场白	2020 年 6 月 17 日 14:30	主持人上台 + 轻音乐
节目表演	2020 年 6 月 17 日 14:30	小型音乐会
介绍产品	2020 年 6 月 17 日 13:15—14:35	介绍新产品的性能、生产背景等内容
主持人谢幕	2020 年 6 月 17 日 14:40	发布会安排内容结束
发布会结束	2020 年 6 月 17 日 14:45	发布会全部结束

活动具体流程表，需要根据活动内容合理制订，不要套模板，应做出一个与众不同的流程，且各个流程之间的时间一定要精确，并将整个活动连接起来。

2.1.6 注意活动细节事项

活动策划不是一项简单的工作，在复杂的活动环节中有许多细节问题需要活动策划者注意。只有从细节到整体都做到完美的活动才是让人真正满意和赞赏的活动。活动策划者在进行活动策划的过程中，容易遇到一些问题，下面就来了解一些进行活动策划时需要明确的事项，从而让活动策划者避开一些可能遇到的问题。

1. 明确受众对象

活动策划者在进行活动策划之前，一定要明确受众对象，且围绕活动受众的需求、喜好来进行活动策划工作的开展。

2. 明确活动阶段

一般来说，活动会以如下 3 个阶段进行。

- 铺垫期：想办法勾起受众的兴趣，慢慢传播，促使他们产生期望。
- 执行期：调动受众的积极参与性，拿出活动亮点吸引他们的脚步。
- 降温期：充分向受众灌输活动目的，促使活动策划目的的达成。

3. 规范活动策划书

活动策划者在进行活动策划前，需要撰写活动策划书。下面就来了解活动策划书常见的撰写规范。

（1）活动名称：一般来说，在策划书中，活动名称主要包含3点内容，即时间、活动主题和地点，如“2019年10月1日大学国庆庆典策划书”“2019年6月1日小学‘六一’出游策划书”等。

（2）活动主题：在活动策划书中一定要明确活动主题，否则企业管理者就无法快速抓住重点，既浪费管理者的时间，又可能让活动策划者“白费心思”。一般来说，活动主题应控制在300字以内，其中最好包括活动的目的和意义，务必要用最精练的语言，让企业管理者快速了解整个活动的核心内容。

（3）活动开展：在活动策划书中活动的开展包括如下4个部分。

- 活动时间、地点：要求具体。
- 活动的整体安排：要求详细。
- 活动的宣传方式：要求合适。
- 活动经费的预算：要求合理。

（4）活动要求：在活动策划书的结尾部分，必须详细写出对整个活动的要求，也就是举办活动时应注意的事项，避免开展活动时出现不可控的错误。

4. 提供交通工具

活动的地点虽可由活动策划者选择，但在实践过程中，理想的合适地点往往很难找到。特别是一些以地点为活动主题的活动，地点更是难以变更。此时常常需要活动策划者从其他方面着手，改善对活动不利的状况。

因为活动场地和活动规模的联系更为紧密，所以在选择活动地点时出现困难时，往往是在地点位置上做出妥协。位置偏僻的活动地点不利于吸引受众，宣传工作也不容易得到令人满意的效果。由于交通不便，如果受众不是对活动十分感兴趣，则很可能不会去参加活动，所以此时活动策划者就可以从提供交通工具方面入手，以此改变活动困境。

通常是通过提供额外的交通工具来解决交通问题的，比如在城市的中心和活动场地之间设置直达的巴士，如果预算充足，则还可以将巴士设置为免费乘坐，然后在巴士车身上张贴活动广告，写上“活动专用车辆”字样——“免费”和“专用”两个词对人的诱惑力十分强。这样即使在远离人群的地方，活动也依然可以吸引不少受众参与。

例如，一些地理位置偏僻的自然风景区在举办旅游文化节活动时，通常会准备大量的景区旅游巴士用来接送观光游客，如图 2-4 所示。

图 2-4　旅游巴士

此外，对于一些时间较晚才结束的现场活动，活动策划者也可以与出租车公司联系，在活动场外布置充足的出租车，方便参与受众安全、顺利地返回居住地，从而进一步提升参与受众对活动的满意度。

5. 赠送礼品留住受众

活动的人流量对活动的效果有着十分重要的影响——不仅会直接影响活动的参与人数，还会影响活动的宣传效果、价值传播和取得的成果。一般而言，人流量大能够扩大活动效果，人流量小只能让活动取得很小的成果，具体分析如下所示。

- 人流量大："看热闹"效应吸引更多人参与，引发受众间自发宣传，活动价值得以在更多人之间传播，活动取得丰硕成果。
- 人流量小：活动无法吸引更多参与者，受众之间的宣传很少，活动价值没有得到完全传播，活动只取得很小的成果。

所以，活动策划者不仅要思考如何吸引受众，还要考虑留住受众的方法，确保人流量保持增加或稳定的状态，防止人流量减少。常见的留住受众的方法有以下两种。

（1）在常见的商业促销活动中，多运用更加直接、简单的方法留住受众，即赠送小礼品。赠送的小礼品种类多种多样，通常有优惠券、会员卡、科技产品、日用品、商品赠品和小家电等。

这种方法的好处就是操作简单，执行方便，并且由于所赠送的小礼品一般价值不高，所以可以大量赠送，提高中奖率。高中奖率有助于保持受众对活动的参与热情。

此外，商场在促销活动中加入赠送小礼品还具有一定的筛选功能，被小礼品吸引驻足的受众往往多是对“优惠”和“便宜”比较敏感的受众，因此对他们进行销售推广也往往更加容易成功。

（2）一般来说，在露天场地的文艺汇演活动，经常会运用新颖刺激的节目或有趣味的互动环节来吸引观众，防止冷场。例如，让受众参与互动魔术表演节目就是一种很好的留住受众的方法。如图 2–5 所示为隔空起物的魔术表演，魔术师在台上不用手接触嘉宾就能直接让嘉宾腾空，满足了受众强烈的好奇心，也达到了吸引受众关注的目的。

图 2–5　用魔术表演吸引受众

6. 让受众产生深刻印象

活动顺利圆满地完成了，仅此还算不上是成功的活动策划，只能说是合格的活动策划。如果活动还能给参与者一个比较良好的体验，并且获得了多数参与者较好的评价，那么才可以说这个活动策划让人比较满意。但成功的活动策划还远远不止这些，成功的活动策划不仅要顺利圆满地完成和得到受众的好评，还要让受众能记住，并在活动结束后依然能产生一定持续的影响。

想要让受众记住活动，就要营造活动的记忆点，营造记忆点时需注意以下两点：

- 被动记忆源自心理共鸣。
- 营造的记忆点不要超过 3 个。

在活动策划中，营造记忆点主要关注的是被动记忆，因为正常的受众并不是为了将活动记忆下来而来参与活动的。而人的被动记忆源自人的心理共鸣，所以心理共鸣是受众活动记忆点的重要来源。

2.1.7 备用活动紧急方案

活动策划的总方案至少应在活动开展前的 1 个月进行策划，由于无法预测活动当天会发生的事情，所以活动策划者需要制订一份备用活动紧急方案，以应对突发情况带来的难题。

一般来说，备用活动紧急方案与活动总方案大致相同，只是为了一些不可控制的因素而制订的方案。

例如，总方案的活动场地是室外，活动当天可能会下雨，则可在备份方案中将活动场地改成室内或者在室外加一个雨棚，抑或准备一些简易的雨衣、雨伞；有可能在活动当天遇到情绪比较激烈的受众，需要有应对的准备，或者聘用保安维护现场秩序等。如图 2-6 所示为某公司的促销活动，考虑到天气炎热搭了一个遮阳棚，给有意向咨询的消费者提供一个舒适的环境。

图 2-6　考虑到天气原因搭建遮阳棚应急

2.1.8　活动结束后的评估

活动结束之后，最好是制作一个评估调查问卷，向员工、参与活动的媒体投放，了解他们对活动的满意度，以便为以后活动策划提供思路。

活动策划者在制作评估调查问卷时，需要明确如下两个内容：

- 评估的目的。
- 评估的内容。

活动策划者需要根据评估目的来展开评估内容的制订，常见的就是对整个活动进行评估，找出活动整体开展过程中的优缺点，积累经验，使以后的活动更加完善。

一般来说，活动策划者可以针对 4 个方面进行评估，如图 2-7 所示。

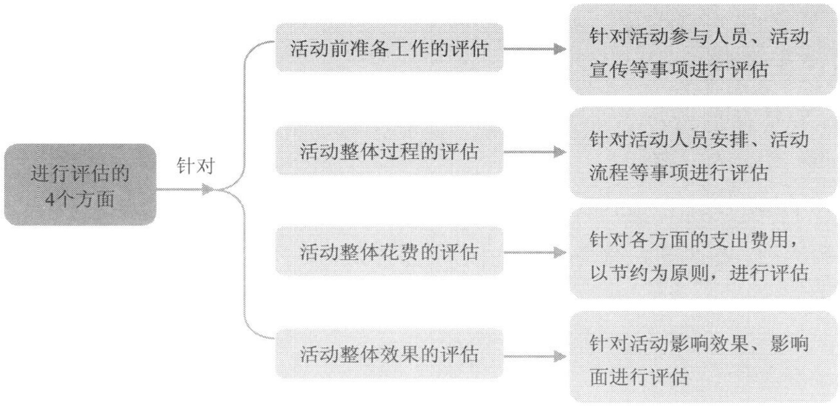

图 2-7　进行评估的 4 个方面

以某新品发布会为例，针对活动整体效果以制作一个简单的评估调查问卷来进行评估，其中评估调查问卷可以从如下 5 个方面进行调查：

（1）直接询问对活动整体是否满意。

（2）对产品是否有不同的意见。

（3）对活动音乐效果是否喜欢。

（4）对活动节目是否满意。

（5）对活动内容是否记住。

2.2　活动策划的七大原则

活动策划者在进行活动策划工作时，一定要以可进行操作原则为基础，才能策划出一个好的活动。

2.2.1　可进行操作

所谓可进行操作原则是指策划者所策划出来的活动方案，必须具有如下 6 个特点：

- 从实际出发。
- 从真实出发。

- 从科学出发。
- 可操作性强。
- 具有前瞻性。
- 具有吸引力。

可进行操作原则的 6 个特点若是能体现在一个活动中，那么此活动在一定程度上能够达到并符合活动的预期目标和效果。一般来说，确定一份活动策划是否具有可进行操作原则，应该从 3 个方面进行分析，如图 2-8 所示。

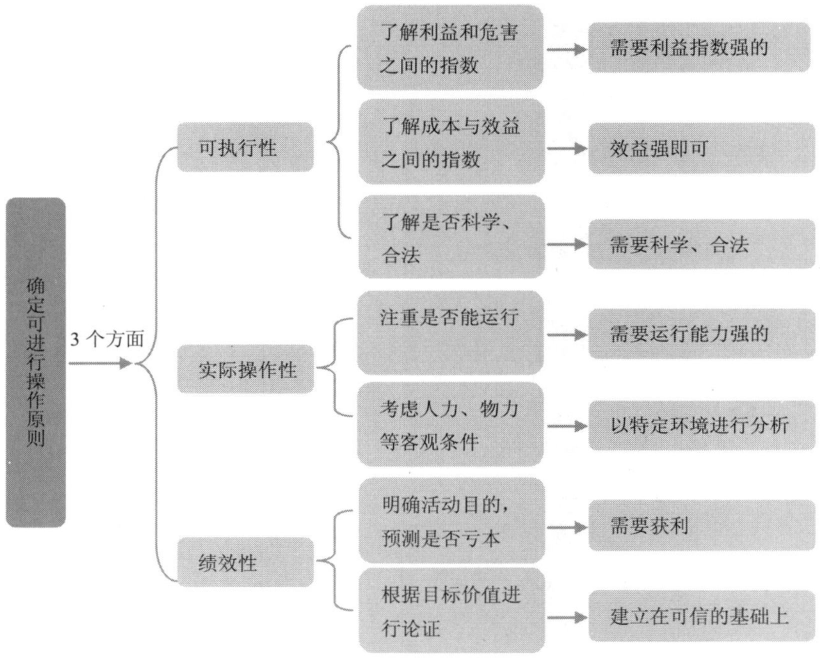

图 2-8　确定可进行操作原则的 3 个方面

2.2.2　体现创新

如今，企业利用活动进行营销活动已经是一种司空见惯的手段。由此，活动策划者需要遵循体现创新性原则，在活动中嵌入一些能让人们感到新意十足的内容，可以极大地增加对人们的吸引力。

体现创新性原则要从“科学实践、求真务实”的基础上出发，重点体现三大特点，即可行性强、实用性强和新颖性强。此外，活动的创新性除了可以吸引大量受众，还可以给企业带来多方面的好处，如下所示：

- 展示企业先进生产方向。
- 让企业收获利益和口碑。
- 展示企业先进文化。

值得注意的是，活动策划中的创新并不是指标新立异、胡乱策划，而是需要遵循如下 3 个要点：

- 在合法的基础上力求新颖。
- 在合理的基础上进行创作。
- 在合情的基础上创造新意。

同时，活动策划者在遵循体现创新性原则的同时还需注意以下 3 个事项，如图 2–9 所示。

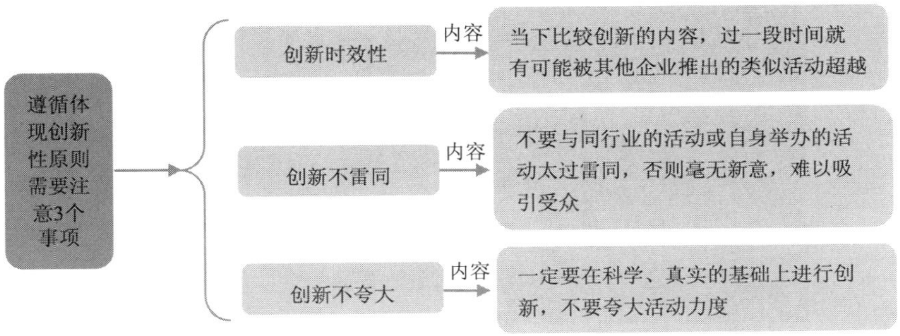

图 2–9　体现创新性原则的 3 个注意事项

2.2.3　积极参与

所谓积极参与原则是指活动策划者在进行活动策划的过程中，需要将强参与性嵌入活动中，让受众积极参与到活动中，这样既能调动受众的情绪、聚焦人气，又能拉近受众与企业品牌之间的距离。

那么该如何策划出一个遵循积极参与性原则的活动策划呢？答案如下所示：

（1）在活动中嵌入互动游戏。

（2）向受众提供奖励、奖品。

（3）从消费者情感入手制订活动。

2.2.4 借势时势

所谓的借势时势原则是指借助热点时事为核心，作为策划活动的思路。活动策划者可以从如下 3 个方面实现借势时势原则。

- 借公众大势：借助国家大事，例如公益项目。
- 借助优势：这里指借助自己的优势，例如小米的社群精神。
- 借助热点时事：娱乐方面的热点，例如热门综艺节目中的撕名牌。

如图 2–10 所示为某公司利用综艺节目中的撕名牌举办的活动，其目的是通过这样的活动与受众之间加深联系，促进感情。

图 2–10　某公司利用综艺节目中的撕名牌举办的活动

2.2.5 主题吻合

所谓的主题吻合原则是指策划出来的活动需要与主题吻合，千万不要脱离了主题范围，不然策划出来的活动毫无操作意义。除此之外，活动中的所有节目气氛都需要与设定主题相符，不然很容易偏离主题。

例如，举办一场新产品发布会活动，若在活动中加入太过搞笑类的节目，则与主题气氛不相符合，很容易偏离主题，届时受众可能只会记住搞笑节目的笑点，而不会是新产品的产品优点、性能等方面。如图 2–11 所示为某公司的新产品发布会，其活动主题为“时代天籁”，整场活动都是紧紧围绕主题开展的，因此举办得特别成功。

图 2-11　吻合主题的活动

2.2.6　精准针对

所谓精准针对原则是指活动策划者在进行活动策划的过程中，需要明确内容策划方向、策划定位以及具体目的，根据这些因素进行精准的、有针对性的策划，这样策划出来的活动才更具可操作性。

一般来说，活动策划者在进行活动策划工作的过程中，针对 3 个因素即可实现精准针对性原则，如图 2-12 所示。

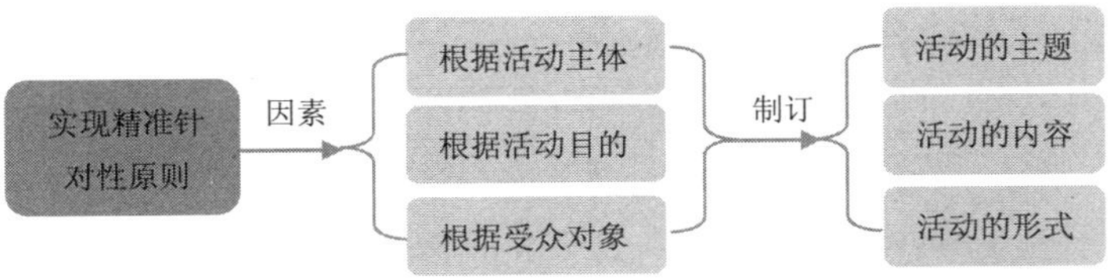

图 2-12　实现精准针对性原则的因素

2.2.7　把握宣传

活动策划者不是单单将活动策划方案拟好就可以了，还需要考虑活动宣传这一环节。一个好的活动策划还需要一个好的活动宣传来“号召”受众才有用。不然会出现“空有一身好本领却无用武之地”的情况。

由此可见，活动策划的原则中才会有把握宣传性原则的出现。活动策划者可以从如下 3 个方面来进行活动宣传的把握。

（1）从时间上把握：保证宣传在时间上的完整性。

（2）挖掘活动亮点：用亮点吸引受众的注意力。

（3）建立固定宣传：选择几个固定宣传载体。

2.3 活动策划的实战心得

活动策划者在进行活动策划的过程中，可以把活动理由作为活动策划的推动力，这样可以大大增加活动的信服力。

2.3.1 如何挖掘更多的活动

活动策划者需要通过一些好的活动理由去挖掘更多的活动，可以将以下两点作为参考渠道。

1. 以时间为主

不管是在现实生活中，还是在互联网上，以时间为理由的活动策划是常见的活动素材。例如，京东的“618”活动，就是以一个固定时间“每年 6 月 18 日”来进行促销活动，且活动力度是消费者所期待的。如图 2-13 所示为某京东店铺的“618”活动宣传广告。

图 2-13 某京东店铺的“618”活动宣传广告

活动策划中所指的时间，并不单指日期，还可从如下两个方面出发：

- 节假日，如五一国际劳动节、春节等。
- 季节，如换季清仓、迎春来等。

2. 以亮点为主

活动策划者还可以在新产品发布会中以产品的亮点作为策划活动的素材来吸引受众的注意力，这就是一个非常典型，以亮点为理由的活动类型。例如，VIVO X 27 发布会，就是以亮点“超广角”作为活动素材，来吸引各大媒体以及粉丝的注意力才得以举办成功的，如图 2-14 所示。

图 2-14 VIVO X 27 发布会

2.3.2 活动策划的 4 个规则

有一些初出茅庐的活动策划者，在进行活动策划工作时总会遇到各种各样的问题，随着问题的积累，也容易受到打击，甚至出现了自我贬低的情况，这样是非常不可取的。

下面就来了解活动策划的规则，活动策划新手只有将活动策划的规则掌握了，才能在活动策划的过程中，避免一些问题的发生，为自己增强一些信心。

1. 一个主题

活动策划者在进行活动策划工作时，还需要确定只有一个核心主题，并围绕此主题展开活动策划。千万不要在一个活动中嵌入多个主题思想，否则策划出来的活动可操作性非常低，是没有任何意义的。

一般来说，活动主题在以下 3 点的基础上才能得以确定：

- 从企业实际情况出发。
- 根据市场发展状况进行确定。
- 是目标受众所需要的内容。

例如节日活动，活动主题都紧扣节日内容来进行，让受众不感觉违和，也易于让人接受并参与，如图 2–15 所示。

图 2–15　紧扣主题的节日活动

2. 直明利益

一个好的活动策划，一般会将对受众有利的方面直截了当地告诉受众，这样更容易让受众感受到活动的氛围。

如图 2–16 所示为举办一场优惠促销活动，其在宣传的过程中，让受众了解到优惠力度，这样就比较容易激发消费者的购买欲望。

图 2–16　直明利益的活动

3. 真实可行

活动策划者在进行活动策划的过程中，需要明白自己是否具有执行能力，没有能力执行的活动只不过是场空谈，没有任何意义和价值。活动策划者对自己的执行能力可以从以下 3 个方面进行把控：

- 考虑执行人员的情况。
- 将活动安排周全。
- 考虑外部环境问题。

另外，对一些将执行能力充分进行规划的活动方案，还需防范意外情况，准备一个低配版的执行方案。

4. 随机应变

活动策划者千万不要只盯着一种活动类型进行策划，要转换活动类型，这样才能学会在正确的时间运用正确的活动类型，并且能大大地提高活动的可执行力以及策划者的策划能力。

确定了活动的类型方向后，也不必拘泥于该方向上特定的活动形式。例如，商场的促销活动并非只能用优惠和礼品吸引顾客，再由讲解员推销商品。

用一些其他的新奇方式吸引顾客，效果有时可能会出人意料，如图 2-17 所示。

图 2-17　灵活宣传的促销活动

2.3.3　培养活动策划者的素质

活动策划者在进行活动策划的过程中，很容易遇到一些问题。下面就来了解一些注意事项，让活动策划者规避这些问题。

1. 具有创新性思想

活动策划者需要具有创新性思想，这样才能让自己策划出来的活动更具亮点。创新性思想的作用如下所示：

（1）创造新活动。

（2）激发全新的思维。

（3）为产品宣传带来新意。

（4）为产品开发新市场。

2. 具有强协调能力

活动策划者可以说是整个活动的“指挥员”，他们需要具有较强的协调能力，才能与其他人员相互交流，才能维护活动运行。那么，活动策划者的协调能力在活动中如何体现呢？答案如下所示：

（1）给予活动举办人员鼓励。

（2）及时向企业管理者反馈在活动中出现的问题。

（3）预算超支与企业管理人员进行交流。

3. 心理素质需强大

对活动策划者来说，良好的心理素质是必须要具备的，特别在处理突发事件上，也得以体现活动策划者的心理承受能力。活动策划者在心理素质方面需要做到如下两点：

- 遇事需要乐观积极。
- 遇到麻烦或失败需要有较强的心理承受能力并能冷静处理。

2.4 调研活动策划市场

无论是对产品而言，还是对企业而言，定位往往是至关重要的基础条件中的一点。

本节主要针对定位类型的活动策划进行分析，深入了解不同定位活动策划所起的不同作用，主要分为认识自身、明确受众和品牌目标 3 个方面，如图 2–18 所示。

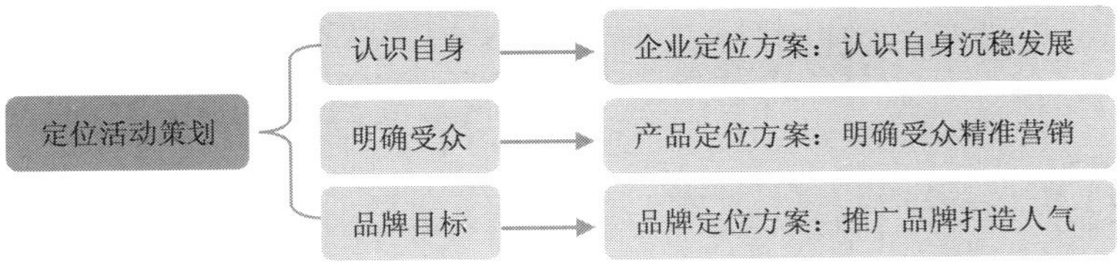

图 2–18　定位活动策划的 3 个方面

2.4.1 分析市场调研类型

对活动进行调研是可以降低活动风险的一种方式，所以活动策划者在活动开展之前，可以先对活动市场进行相关调研，通过调研就可以清楚地知道大众的喜好和需求，也可以让活动在开展时更有针对性，保障活动取得最大限度的成功。

除此之外，举办活动也是将产品展示给大众的一次机会，所以通过市场调研可以满足大众的期待，也为活动策划打下坚实的基础。

一般来说，常见的活动策划的调研类型有定量调研、定性调研和定量定性混合调研 3 种，下面就从这 3 种调研类型来进行相关讲解，具体分析如图 2-19 所示。

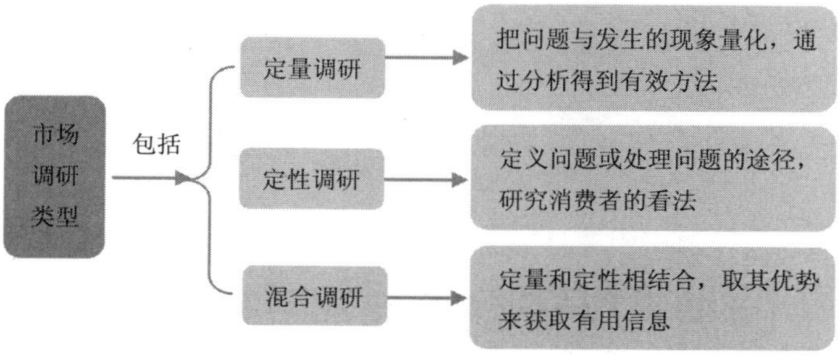

图 2-19　市场调研类型分析

2.4.2　活动市场的调研方法

市场调研的方法有很多种，比如实地调研法、文案调研法和特殊调研法等，下面就对这 3 种方法进行相关分析，如图 2-20 所示。

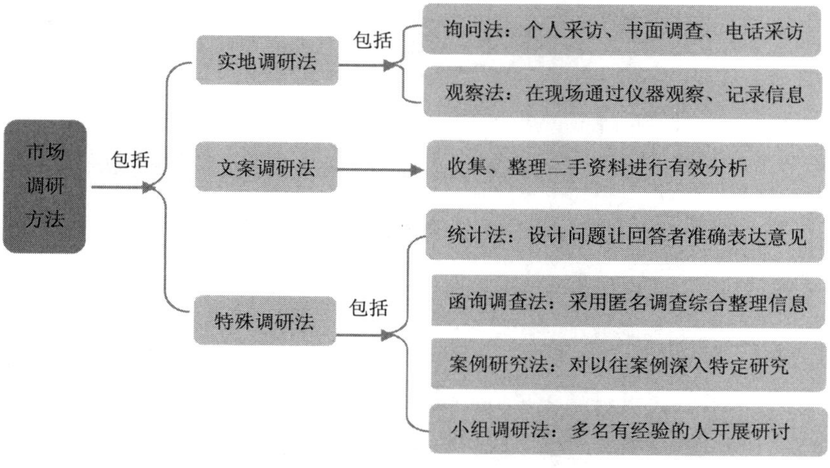

图 2-20　市场调研的 3 种方法相关分析

2.4.3 如何撰写调研报告

经过调研的数据分析后，便是对获取的信息进行整理，然后将调研的最终结果以报告的形式交给活动策划的决策者，所以，撰写调研报告也是十分重要的，撰写报告的原则必须包括以下几点：

- 客观、真实、准确地反映调查成果。
- 内容简明扼要、突出重点、语言精练。
- 归纳要点，将结论和建议表达清楚。
- 调查报告需要附上必要的图表及附件，方便提供阅读及使用。
- 结构需要完整、精美。

当然，一份完整的市场调研报告不只是这些，还应包括如图 2–21 所示的内容。

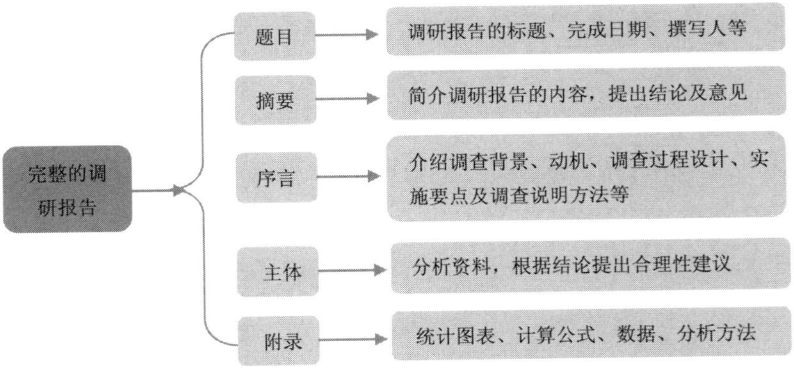

图 2–21　完整的市场调研报告包括的内容

2.5 剖析消费者行为，明确市场目标

其实在很多时候，活动策划者都需要对多个问题进行思考，如图 2–22 所示。

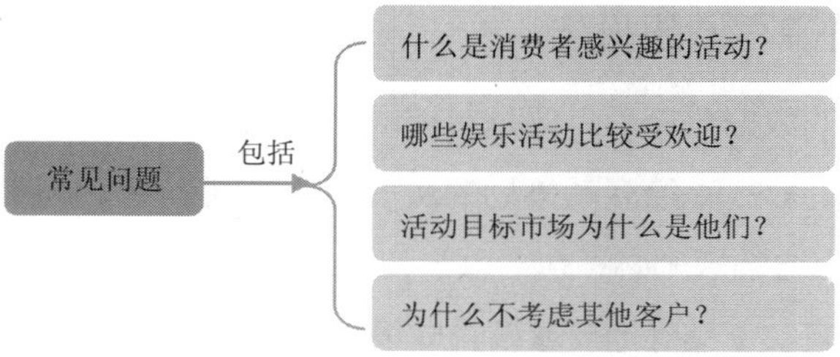

图 2–22　活动策划者需要思考的问题

这么多问题一抛出，活动策划者想要得到确实的答案，就必须对消费者行为和市场目标进行一定的分析。

2.5.1　消费者行为的具体分析

消费者行为，从定义上来说，是指人们购买或使用产品及服务时相关的一种决策行为。在分析消费者的行为时，可以先假设如下两点：一是对商品的比较性，俗话说“货比三家”，就是指消费者在买东西时会进行比较，而比较的一般是商品的价格、质量等，消费者一般会经过比较综合选择出最合适的商品；二是理性的需求，这类消费者会将满足自身的需求呈现出最大化，通常只会选择自己需要的，能够做出正确的购买行为。

综上所述，就可以更全面地分析出活动的消费者行为，其中包括如下 4 点。

1. 确定消费者需求

很多消费者比较理智，他们清楚地知道自己想要什么，因此也会根据自身需要来选择自己想要购买的商品，但有时一些外部因素也会对消费者产生刺激，比如消费者看见电视上的产品广告后，便在购物时也会选择这类产品，或者看见电视上举办的一些好玩的活动，便会产生想去参加的想法等。

2. 收集消费者信息

当消费者有了需求之后，便会自主地收集相关需求的信息，而信息的来源则可以分为以下 3 个方面，如图 2–23 所示。

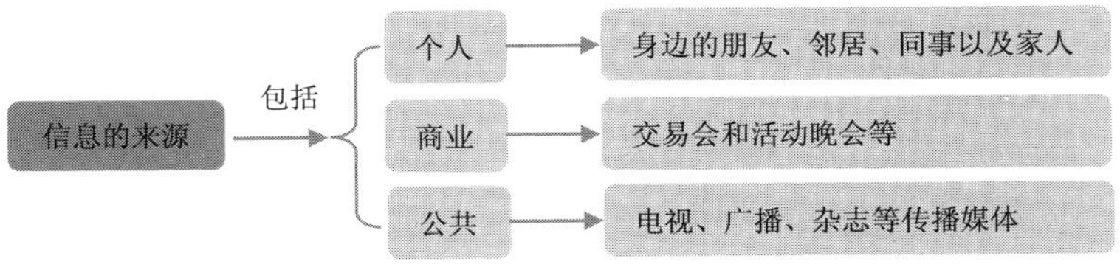

图 2-23　信息来源的分析

3. 决定购买或选择参加

消费者通过对信息的收集，发现其中有些信息是重复的，因此还需要进行整理、评估和筛选。在此过程中，消费者的决策可能会因为一些因素而发生改变，比如品牌、他人的评价等，在一般情况下，大多数消费者会根据自己的意图进行选择。

4. 购买后或选择参加行为

消费者在购买商品后，会对商品有一个满意度的考查，如果商品和自己事先期望的差不多或比预期的还要好，那么商品的满意度就会提升，从而实现下次交易的可能。消费者选择参加活动也是如此，活动如果让他们感到满意，那么消费者自然会愿意帮忙给活动做宣传，但活动如果让他们不满意，那么下次有同样的活动时他们可能就不会参加，相反还会做反面宣传，从而影响活动效果。

2.5.2　明确市场目标

任何一种活动形式都很难满足活动全体购买差异性。正是因为如此，只有明确活动主题和形式的方向，才能从提高经营效率的角度，根据能力水平确定目标人群。

每个市场在消费者需求上都是不一样的，所以活动策划者在对目标市场进行分析时，就需要从以下两个方面进行具体分析。

（1）地理环境因素：地理位置不一样，所以文化、气候及环境也会不一样。消费者居住的环境会让其特征更加具体、形象，潜在的地理分布也是活动目标市场分析的一大因素。

（2）生活方式因素：很多消费者的购买行为都会与自身个性和生活方式有关，消费者的价值、观念会直接影响其消费心理，如经常宅在家里的人一般不喜欢出门，通常选择在网上购物。

第三章

策划原理——探究规律性制订方法

在进行活动策划之前，活动策划者先要了解清楚策划的原理，才好根据其规律性策划出脱颖而出的活动方案，本章就带大家对活动策划的原理进行探究，并且制订有效方法。

本章主要内容包括：

- 探究活动策划的基本原理
- 活动策划的有效方法
- 活动策划的准备工作

3.1 探究活动策划的基本原理

原理，是指自然科学和社会科学中具有普遍意义的基本规律。人们可以通过观察和实践，从而得出一些理论知识，这种理论是可以经得起实践检验的。那么关于活动策划的基本原理是什么呢？下面就带大家一起进行相关了解。

3.1.1 心理原理的几种因素

从心理学的角度来说，心理是指人内在符号活动梳理的过程和结果。具体一点来讲，生物自主对物质世界反映心理的一种表现形式，叫作心理现象。而在活动策划中，活动策划本身就是由人的心理活动所产生的一种体现人类智慧的形式，也可以说，没有人的心理活动，就不可能产生活动策划。有关人的心理活动与活动策划的分析如图 3-1 所示。

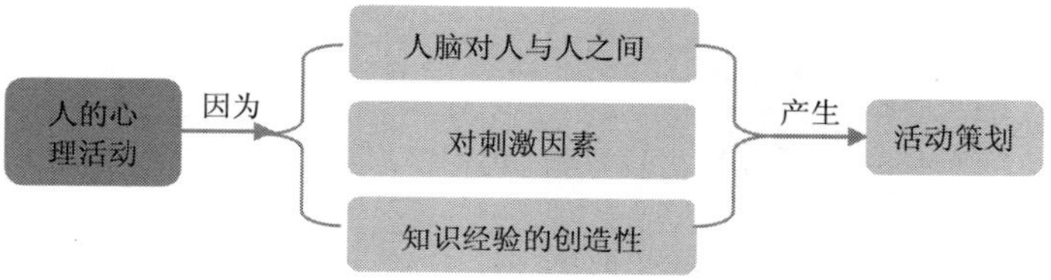

图 3-1 有关人的心理活动与活动策划的分析

所以，活动策划是人的高级思维活动的产物，心理活动可以反映各种事物的映像，也因此产生了活动策划。在心理原理的基础上，活动策划者需要理解几个活动策划的心理因素。

1. 活动策划的心理障碍

活动策划的心理障碍是指策划者在个人心理作用下对策划所造成的思维背离，从而导致活动策划失败。因此想要活动策划成功，就得克服在活动策划中的心理障碍，一般出现心理障碍的有以下 4 种情况。

（1）惧怕现象：不少人觉得，策划和风险投资有着异曲同工之处，因为活动策划是存在风险的，而风险投资理念一直都是风险越大，机遇越大，也可以说风险和机遇是并存的。活动开展想要成功，就避免不了要面对一些风险，但如果因为畏惧风险而选择放弃机会，那么肯定是得不偿失的，所以对活动策划者来说，应该学会规避风险，争取用最小的成本获得最大的利益，因此风险问题就成为活动策划者极为关注的一个点。对于风险的畏惧心理，大多数人会有。如图 3-2 所示为三国演义中有名的故事“空城计”，司马懿因为害怕诸葛亮设下埋伏，畏惧风险，从而导致千军万马被琴声吓退，不敢对诸葛亮发起进攻，也因此错失大好时机。由此也可看出策划需要冒一定风险才会赢来胜利的曙光，克服心理畏惧，有时候放手一搏才能开拓出一片新天地。

图 3-2　“空城计”

（2）呆板现象：人们喜欢将某些事物通过常规的标准来判断，并以此做出相关定位，久而久之，这种印象根深蒂固，也就成为一个参考依据。这种现象最大的弊端就是不懂变通，用同一标准去衡量所有事物，容易判断失误。

（3）首次现象：一般指先入为主的思想行为，人们往往喜欢通过既有的印象对后来的事物进行比较，做出评价和判断，但这种行为很有可能是错的。

活动策划者也常常会受这种心理因素影响，导致得出错误的结论，让活动策划失败。所以活动策划者想要得出正确的结论，就得抛开这种固定思维模式，凡事都要通过实践，仔细分析，这样才能有效地创造出有新意的策划方案。

（4）井蛙效应：井底之蛙的目光非常短浅，因此井蛙效应是指只顾眼前利益、没有从长远角度去考虑的一种心理。活动策划者在策划过程中需要切忌，因为对于企业来说都是希望能够长远发展，如果只顾眼前的利益，那么其发展肯定不会长久。

2. 活动策划的心理规律

虽然活动策划的类型比较多样，但是任何成功的活动策划都有一定的心理规律可以遵循，主要包括如下两个方面。

（1）满足受众心理需求：人的心理活动是由心理需求所引起的，也就是说，没有心理需求，就不会有心理活动，更加不会产生后续行为。而人的需求又可以分为如下 5 个层次。

- 生理的需求：最基础的生存需求，如衣、食、住、行等。
- 安全的需求：对自身的安全以及财产的保障。
- 爱和归属的需求：每个人都希望得到照顾以及与他人建立情感联系。
- 尊重的需求：被社会或者他人认可。
- 自我实现的需求：发挥自己的能力，实现个人抱负。

活动策划者需要了解人们的需求才能有针对地进行策划，有效做到“知己知彼，百战不殆”，取得最大的成功。

（2）利用人性弱点：人在反映某一客观事物时，有时候会受到其他因素的干扰，因此不能总是正确地进行反映，得出的思维结论也就不一定正确。所以，活动策划者也可以适当地利用这一特点，从而使活动的效果得到极大地增强。

3.1.2 情感原理的需求影响

情感，是指人拥有的一种心理过程和心理状态，也是一种主体对客体是否满足自身需求所产生的情感体验或态度评价，其性质和内容也取决于是否满足需要，具体分析如图 3-3 所示。

图 3-3　情感需求分析

人的行为在很多时候都会由情感直接支配，比如人开心时会不由自主地哼起歌来，人在失恋的情况下会觉得对什么都提不起兴趣，等等，这说明情感可以直接支配人的行为，因此活动策划者也可以通过对情感的分析，利用情感对活动进行策划，分析表明积极的情感更让人容易接受，消极情感让人产生抵触，所以在策划时可以直接从这方面入手。

俗话说："人非草木，孰能无情？"这句话也直接表明了人和草木之间的区别，在于人是有情感的，而重情是我国人民的优良品质。因为一般只有重情重义的人，才值得深交与托付，相反没有人会喜欢无情无义的人，这种人太过于自私。所以活动策划者可以利用这一品质，加强对情感方面的沟通，从而将人自身的积极、肯定和喜欢的情感激发出来，与活动受众之间形成一条无形的沟通渠道，让活动受众知道策划者与他们是感同身受的，引起共鸣效果，达到活动策划目的。

生活中常见的爱心公益活动，如图 3-4 所示，就是以情感共鸣所发起的，组织大家一起献爱心，帮助那些有困难的人，同时还宣扬了中华民族重情重义、互帮互助的传统美德，活动策划者也借此宣传了自己的品牌。

图 3-4　爱心公益活动

3.1.3 人文原理的和谐状态

人文原理一般是指人与自然界间的一个和谐相处的状态，活动策划者可以利用这种和谐状态激发出人对自然保护或开发的热情。如图 3-5 所示为西安园博会，活动内容就是将自然景观与人文景观相结合，吸引众多游客来参观，感受大自然的魅力，同时呼吁人们保护自然环境，维护生态平衡。

图 3-5 西安园博会

3.2 活动策划的有效方法

怎样有效地对活动进行策划呢？这对活动策划者来说确实是一个难题，不少活动策划者就是因为对活动进行策划时没有针对性，从而导致活动的效果差强人意。本节就带领大家学习如何选定活动策划的有效方法。

3.2.1 了解活动策划的功能

活动策划的功能一般是指对活动可以发挥的有效作用，一般有以下 5 种，具体分析如图 3-6 所示。

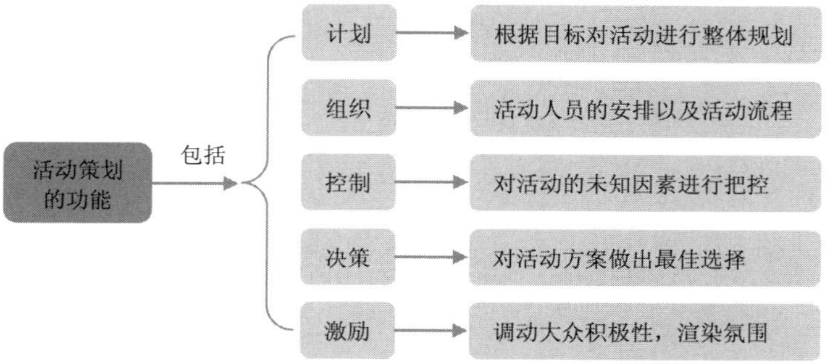

图 3-6　活动策划的功能分析

3.2.2　选定活动策划的主题

活动主题是活动的中心思想，任何活动的开展都必须以主题为主进行。同时主题也代表着活动的号召力和凝聚力，因此对主题的选择也是至关重要的。

1. 活动主题的要点

在选择活动主题时有几点是需要注意的，包括有特色、有共同点和以人为本等 3 点，以下根据此 3 点来进行具体介绍。

（1）有特色：一般成功的活动都是有自己独有的特色，所以在举办活动时可以将这一特点运用到活动的主题上，让活动更鲜明，产生更大的吸引力。

（2）有共同点：活动的主题要与人们关注的话题有共同点，这样才能使人们有兴趣，还能从中获取到有效信息，同时让受众与活动的利益有共同点，受众也会因此乐于接受和参加。如图 3-7 所示为某科技公司的扫地机器人的现场发布会，科技一直是人们比较喜欢关注的话题，因为科技的发展会让生活发生改变，提供便利，而此次活动的宣传主旨也是给人们带来方便，减轻负担。

（3）以人为本：人们最关注的利益就是自身的利益，除了眼前可直观看到的生命和财产，还会关注关于以后的生存与发展。而以人为本就体现在大家共同对人类利益的维护和关注，这也是为了让人们以后更好地生存和发展。

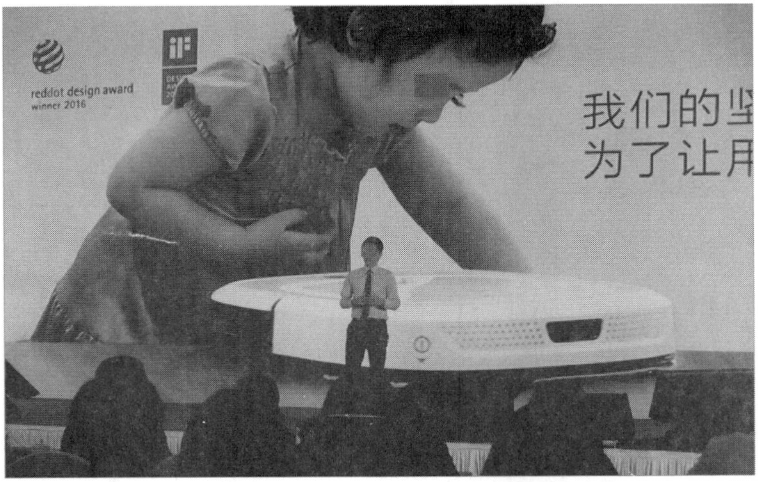

图 3-7　让受众感受到共同利益的活动

如图 3-8 所示为“绿色青运，人人环保”的主题公益活动，目的就是宣传环保活动，让每个人都有保护环境的意识，做到保护资源、减少污染与破坏，同时保护人们自身的健康，让人们赖以生存的地方可以持续得更长久。

图 3-8　以人为本的公益环保活动

发布信息：活动的主要目的是将信息传递出去，其核心内容也是表达大家都关注的问题，所以在活动主题中就可以将重要信息体现出来，让更多的人知道和了解。如图 3-9 所示为某选秀活动宣传海报，从它的主题“歌声传奇”

就能看出活动的内容是选歌手，重要信息在主题中就很好地体现出来。

图 3-9　在主题中体现重要信息

2. 选择活动主题的因素

活动主题的选择是活动成功的关键点之一，所以在选定之前还需要考虑与活动主题有关的其他因素，这也关系到活动中主题是否发挥其最大作用，具体的相关分析如下所示。

（1）活动的产品：活动的性质不一样，其自身的产品也不一样，但在选择活动的主题时需要与活动的产品一致，它们是整个活动中的灵魂，也是活动中的主要内容，比如美食节中的“食物”、杨梅节中的“杨梅”和啤酒节中的“啤酒”等，如图 3-10 所示。

图 3-10　主题与产品相吻合

（2）主题象征图案：主题图案一般代表企业的文化内容象征，是通过专门的构思进行设计的，创作者根据活动的内容用图案和色彩组合设计出的专题作品，一旦通过审定就不能轻易改动。为了使图案能有效地展示活动主题和吸引受众，因此在创作上可以根据大众的审美再加上丰富的文化及形象特色作为依据。如图 3-11 所示为北京奥运会的象征图案会徽。

图 3-11　北京奥运会会徽

（3）活动的历史故事：人们对历史故事比较感兴趣，很多节日都有着自己的历史故事，是从历史中传承下来的。所以活动策划者可以根据这一特点来选做活动的主题，故事的吸引人之处就在于它充满文化色彩，以及它自身故事情节所具有的魅力，而且人们的知识是有限的，对于一些比较久远的历史故事可能并不知晓，因此这样的活动主题还能激发受众的求知欲，从而达到活动目的。如图 3-12 所示为襄阳诸葛亮文化旅游节，活动的主题就是以历史名人诸葛亮的名字来命名的，而对此感兴趣的受众就会受到吸引而来。

（4）活动氛围：活动氛围是根据活动主题来创造的，这两者之间有直接联系，活动氛围也决定了活动能否成功。比如，活动的主题内容是以节假日为主，那么活动氛围就应该以喜悦、欢庆为主，在音乐和装饰色调上应该以烘托这种氛围为主，这样能调动受众的情绪，影响其心态，从而使活动有事半功倍的效果，因此这一点对主题的选择有很大作用。

图 3-12　与历史名人有关的活动

3.2.3　活动策划的定位与选址

定位，是指一个地点的明确方向。活动策划的定位是指以此来选择一个好的方向开展活动，而这就需要考虑到具体的人、物、时间以及地点。一般有主题定位和市场定位两种方法，相关分析如图 3-13 所示。

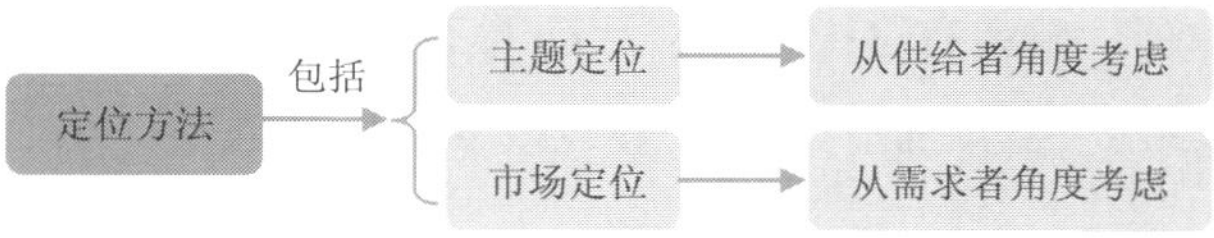

图 3-13　定位方法分析

选址，一般是指活动的场地选择，对策划者来说，要举办一场活动，场地的选择也是比较重要的，如何选择活动的最佳位置呢？可以参考以下 3 种方法，如图 3-14 所示。

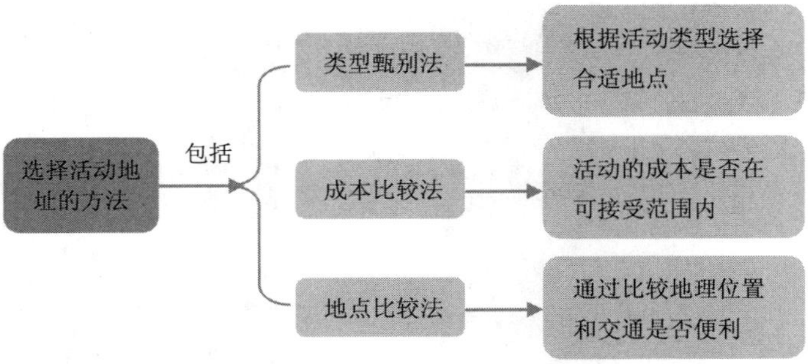

图 3-14　选择活动地址的 3 种方法

3.3　活动策划的准备工作

在进行活动之前，活动策划者需要对活动的流程进行具体的安排，同时也需要做一些准备工作。接下来就带大家了解活动策划之前有哪些准备工作需要做。

3.3.1　调研掌握市场情况

活动调研是指在某种特定的营销环境中，对活动有关信息进行收集与分析。活动策划要做出正确的决定，一般需要通过营销调研，对市场情况及时掌握并清楚了解。也只有这样才能将活动的不确定因素降至最少，让活动得以提高成功概率。活动调研的内容一般有以下几个方面。

1. 活动调研的主要内容

活动调研的内容作为活动是否实施的一个重要依据，包括如下 7 个方面：

- 活动市场的特点。
- 活动的销售情况分析。
- 活动市场是否具有潜力。
- 研究活动的经济发展趋势。
- 研究活动的竞争产品。

- 对行情进行分析。
- 分析竞争者的实力情况。

2. 活动调研的种类

活动调研的种类比较多，具体包括以下 6 种，如图 3-15 所示。

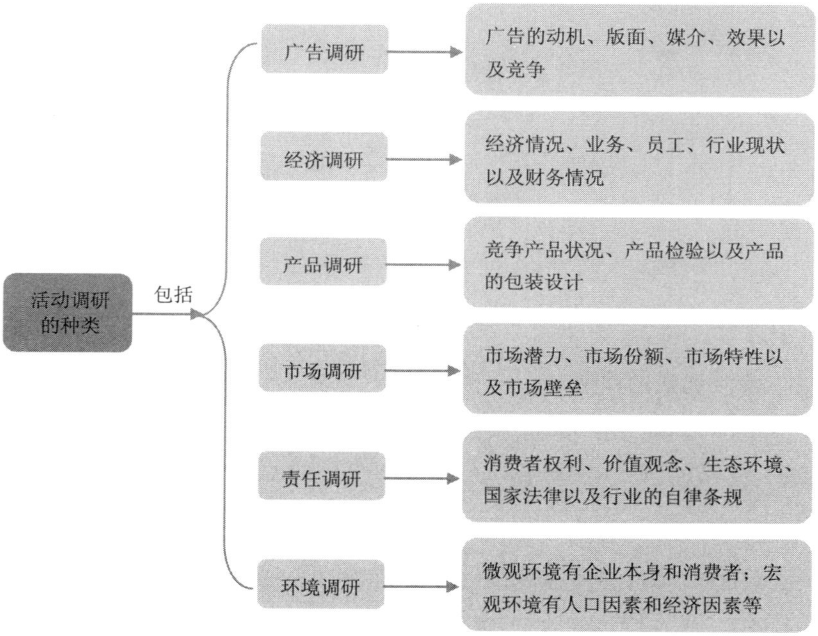

图 3-15　活动调研的种类

3. 活动调研的要求

总体而言，调研是一项比较复杂而又重要的工作。而调研出来的结果直接决定着活动开展与否，因此在调研这一过程中容不得半点马虎，对于调研结果的质量也是要保证的，对此对活动调研提出了 4 点要求，如图 3-16 所示。

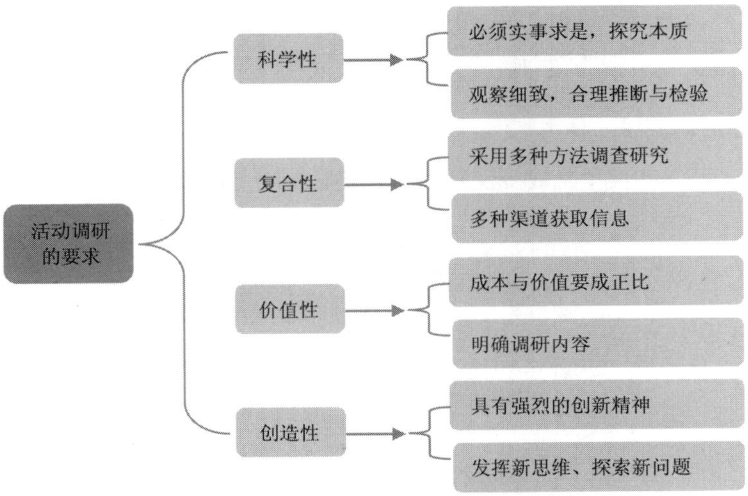

图 3-16　活动调研的要求分析

4. 活动调研的程序

调研是一项有组织和计划的策划活动，所以它有一定的程序，更具体一点来说，其包括如下 5 个阶段。

（1）明确调研主题：活动中需要调研的问题一般不止一个，而是有很多，也不可能通过一次调研就能将所有问题都解决。所以，调研人员一般会将问题进行分类，对需要调研的问题进行重要性排列，选择最重要的问题最先开始调研，以免调研的主题不明确，导致对活动没有有效作用。

（2）确定调研目标：在活动中，目标通常不是只有一个这么简单，所以在制定调研目标时，可以将目标细化再进行统计，这样才能有针对性地进行调研。因为调研的目标不一样，要调研的内容自然也不一样，具体可以分为以下 3 种类型。

- 探索性调研：通常是指当遇到的问题不明确时，想要了解问题的性质以及方向，对有关调研的项目作出假设并进行更深一步的研究。
- 因果关系调研：是指活动与不同要素之间的关系所产生的原因，以调研的形式查清楚其对活动的影响力。
- 描述性调研：描述是对一个事物的讲述方式，所以其在作为一种调研方式时，也只是将活动中研究出来的数据进行采集和记录。

（3）制订调研计划：明确活动调研的主题和目标后，接下来要做的就是制订相关计划，调研计划的内容一般包括以下 3 个方面，如图 3-17 所示。

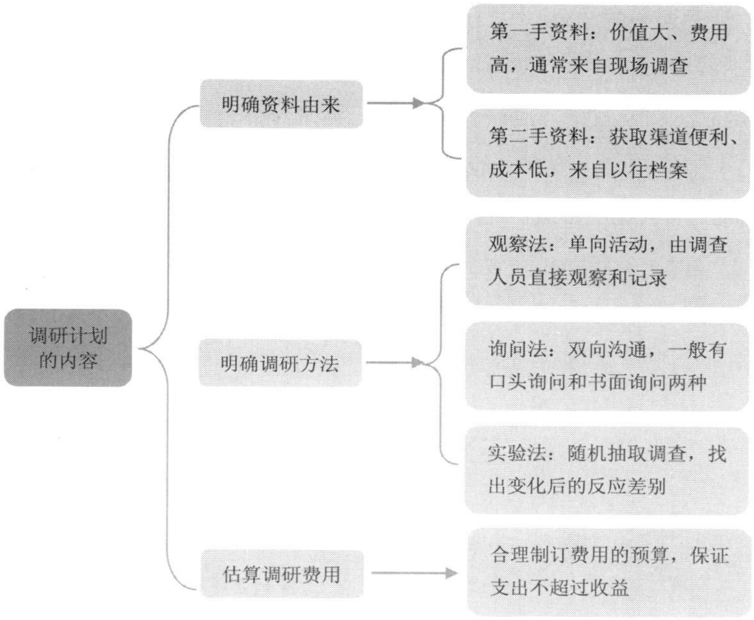

图 3-17　调研计划的内容

（4）实施调研计划：制订完计划后便要开始实施计划，在这一阶段中又包括 3 个步骤，具体分析如图 3-18 所示。

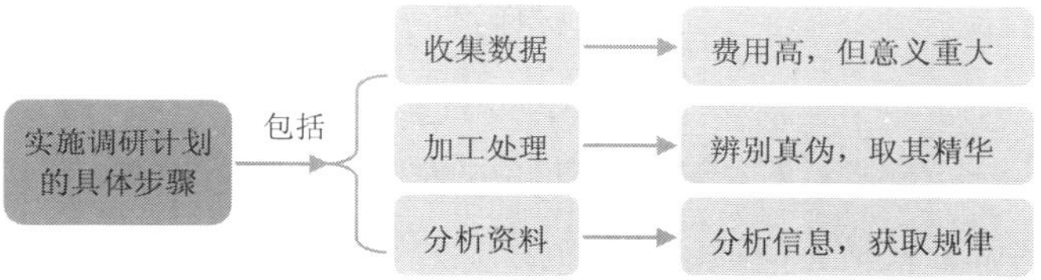

图 3-18　实施调研计划的具体步骤

（5）提议调研报告：调研报告是对整个工作的总结，同时也是将所有分析数据以书面化呈现出的一种形式，通常包括以下两种。

- 结论性报告：这种报告一般以调研的结果为重点，活动决策者根据调研人员从中提出的建议和得出的结论进行参考。

- 技术性报告：这种报告与结论性报告刚好相反，比较注重调研的过程，内容也比较丰富，调研人员就是报告的直接对象。

5. 活动调研的技术

活动调研过程中运用到的技术一般分为 3 种，即取样技术、查问技术和分析技术。下面就对这 3 种调研技术进行具体介绍。

（1）取样技术：取样一般可分为随机抽取和非随机抽取两种类型。非随机取样的技术主观性太强，通常以调研者的经验作为相关依据，因此可能存在的误差偏大，不能及时反映出实际情况；随机取样一般是指从所有样品中抽取一部分进行调查，以此为依据推断出总体。随机取样还可以根据类别分为以下 3 种方式，如图 3–19 所示。

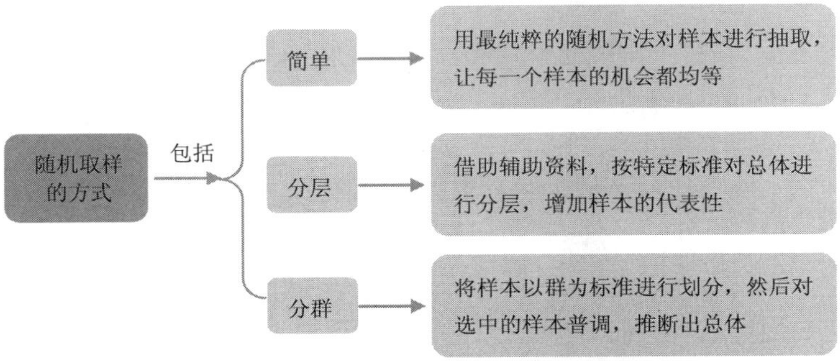

图 3–19　随机取样的方式分析

（2）查问技术：查问，也可以称作询问，这种技术一般具有双向性，其中包括如下查问方式。

- 口头查问技术：对调查人员来说，需要事先做好调查问询表和问题提纲，调查人员还得具备敏捷的思维，以便随时应对口头问询过程中发生的问题。
- 书面查问技术：将所有的问题以书面形式呈现出来，但需要注意的是，不能在同一份问卷中出现同样的问题。
- 设计技术：对调查表的相关设计，一般设计的程序有调查的目的、调查内容、相关问题、调研方式、查问方式、查问次序、模拟测试和按照结果整理调查表。

（3）分析技术：有一整套系统的流程，其中包括编程、归类、编校、计算和列表。

3.3.2 细分掌控市场差异性

细分活动市场就是把活动的总市场按照消费者之间的差异性分为多个子市场，而这是建立在满足消费者需求的差异性的基础之上的。

1. 细分的作用

细分在市场中的作用相当于一个巨大的磁铁，可以将周围细小的零件全部汇聚到自己身边，再根据其功能进行优化分配，发挥它的最大作用，形成力量优势。具体分析如图 3-20 所示。

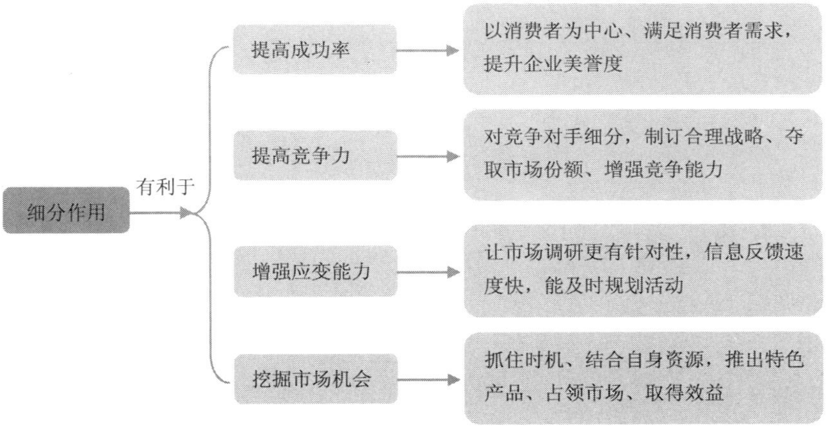

图 3-20 细分活动市场的作用分析

2. 细分的程度

细分活动市场这一过程，总体来说具有连续性，其中包括划分范围、确认依据、权衡变量、实施调查、评估市场、选择目标和设计策略等多个步骤。

（1）划分范围：取决于很多因素，如人力、物力、财力等。

（2）确认依据：按标准作为依据，如心理因素、地理因素等。

（3）权衡变量：进行深入分析、减少失误、合理比较。

（4）实施调查：掌握大致情况、检测调查效率。

（5）评估市场：依据调查结果进行评价与分析。

（6）选择目标：按平均法结合全面相关因素进行考虑，筛选出最佳目标。

（7）设计策略：根据目标制订价格、产品、渠道、促销等多种组合策略。

3. 细分消费者相关因素

与消费者相关的因素一般包括地理、人口、心理、行为、收益等几种。下面对其中的几个因素进行相关分析。

（1）地理因素：包括气候、地形、国家、地区等。例如，湖南人喜欢吃辣，是因为湖南气候比较湿润，而广东地区干燥、炎热，所以广东人一般以清淡为主，餐饮行业就可以针对地方的差异性，推出因人而异的菜品，又比如西方国家的传统节日圣诞节与我国的春节，如图 3-21 所示。

图 3-21　地理因素不同产生不同的活动

（2）心理因素：与消费者有关的个性、价值取向、购买动机和对价格的接受程度，每项活动的开展与消费者的心理因素都有着直接关系。只有从消费者心理角度出发，才能在活动中体现出可以满足消费者的心理需求。如图 3-22 所示为某电器公司的低价促销活动，就是用超低价来吸引消费者的。

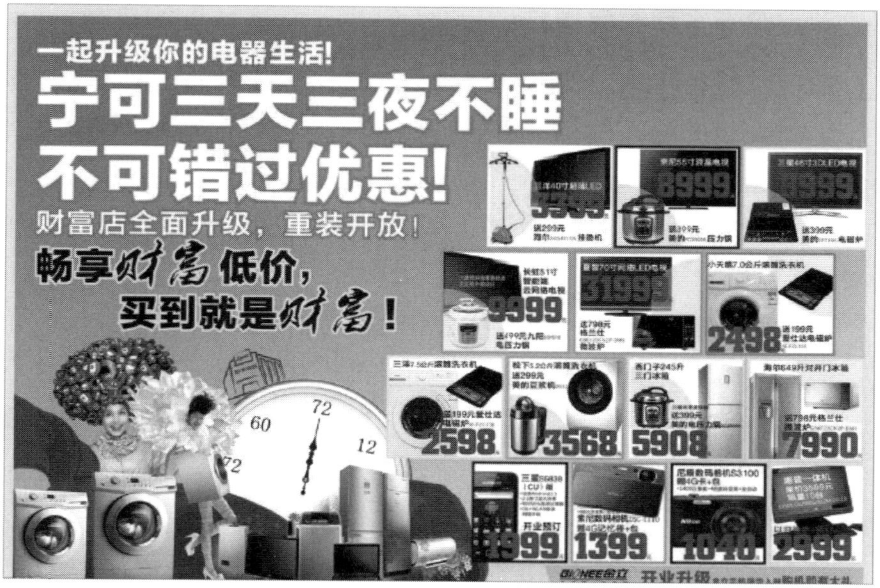

图 3-22　以超低价吸引消费者

3.3.3　撰写活动策划书

活动策划书的撰写是对一系列流程进行书面化的呈现，那么活动策划书该如何撰写呢？其主要内容有以下几个方面，如图 3-23 所示。

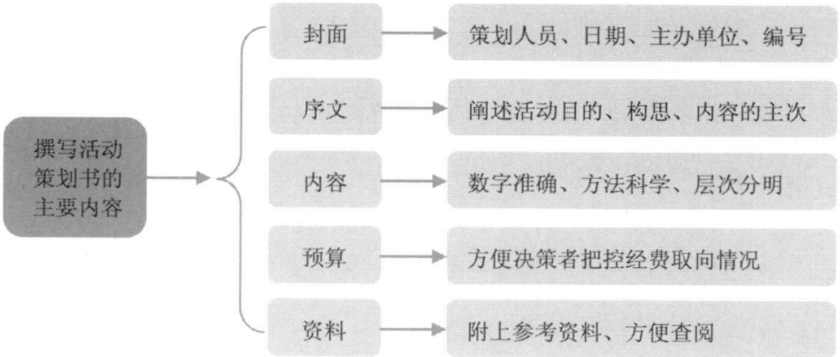

图 3-23　撰写活动策划书的主要内容

撰写活动策划书的几点要求，其中包括主题鲜明、操作性强、文字简明扼要、逻辑性强以及语序合理。

3.3.4 实施方案做好措施

在活动策划书撰写完成后，接下来就要对活动方案进行实施。为了保障活动可以顺利地进行，还需要做好如下有效措施。

（1）监督措施：对活动来说，活动的流程必须要做到无缝衔接，因此只有做好监督工作才能保证在活动的过程中降低出错的概率，让活动更加顺利地开展。

（2）防范措施：为避免活动中突发情况的意外发生，应提前考虑并且加以防范，这样才能把风险降至最低，确保活动正常开展。

（3）评估措施：活动开展后，需要及时对活动实施的步骤进行评估，对存在的问题采取有效措施进行纠正。

第四章

核心要点——推送活动成功的利器

活动策划能成功的关键就是活动的时间和地点的选择，确定好最佳的时间和地点相当于活动已经成功了一半。除此之外，再加上活动的宣传与流程，如果对这些都能掌握好，那么说明离活动的成功只有一步之遥。本章就带大家对活动的核心要点进行详细讲解。

本章主要内容包括：

- 时间：正确的时间是成功的前提
- 地点：合适的地点可吸引更多人
- 宣传：活动成功的“带领先驱”
- 流程：让活动执行起来更加流畅

4.1 时间：正确的时间是成功的前提

对活动策划来说，时间是比较核心的一部分，时间选择是否合适决定活动策划的成功程度。下面就来进一步了解在活动策划中时间的选择。

4.1.1 时间会直接影响活动成效

时间对活动策划来说具有非常大的作用。若时间没有选择恰当，则会影响活动的举办效果；若时间选择恰当，则会成为推动活动成功的利器。下面就来了解在活动策划中时间的作用，如图 4-1 所示。

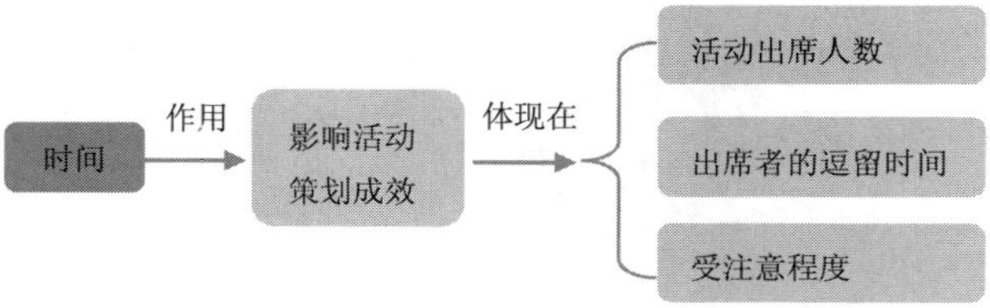

图 4-1　在活动策划中时间的作用

例如，活动时间安排在工作日的晚上，第二天出席者都需要上班，则会出现出席者逗留时间短的情况，活动很难在出席者心中留下深刻影响，活动效果也往往不佳。

4.1.2 活动的 3 个不同时间阶段

一般来说，活动时间分为如下 3 个阶段：

- 活动准备时期。
- 活动协调时期。
- 活动开始与结束时间。

这 3 个阶段都需要根据两个方面进行时间的选择，包括活动目的和活动内容，同时活动策划者也可以根据活动开始与结束的时间来制订活动准备时期和活动协调时期，因此也可以说它们彼此之间的关系是相互的。

4.1.3 制订活动时间所需要考虑的因素

活动策划者在制订活动时间的过程中，所需要考虑的因素，如表 4-1 所示。

表 4-1 选择时间所需要考虑的因素

因素	注意事项
关于出席者	避开出席者工作日时间，最好选择星期五晚上到星期天下午的时间段
关于主讲人	若主讲人是公司高管，则需要考虑主讲人的时间安排表
关于天气	天气不好，会影响出席者、工作人员的心情，且对出行有所影响，很有可能会让出席者产生不出席活动的念头
关于高峰期	若在工作日进行活动，则需要避免在下班高峰期结束，例如 16:30 ~ 17:00
居民生活习惯	开展时间不要太早或太晚，且历时不宜过长，一般控制在 1 ~ 2 个小时比较合适
注意风俗习惯	若主要出席者是外国人或者有宗教信仰的人，就需要注意他们所忌讳的数字，或者考虑是否冲撞了宗教信仰。例如，信奉伊斯兰教的人会在每年的 3 月 12 日举行圣会活动，若企业在这天举办活动，则不可能邀请到信奉伊斯兰教的人
适当选择节日	最好能借助节日来烘托活动气氛，可是像春节这样的节日，大家都希望和家人在一起过年，若是在这样的节日举办活动，则难以邀请到出席者

4.2 地点：合适的地点可吸引更多人

地点是否合适，能决定活动策划的影响效果。若在合适的地点进行活动，则活动效果会非常显著；若在不合适的地点进行活动，则活动效果会大打折扣。因此，在活动策划中地点也是成功的核心要素之一。

4.2.1 地点在活动策划中的作用

地点在活动策划中是必不可少的一环，若没有这一环，那么活动就会出现无从下手的情况。届时，再好的活动也不能给企业带来交易。因此，活动地点的选择是活动策划者需要重视的要素。下面就来了解地点在活动策划中的作用，如图 4-2 所示。

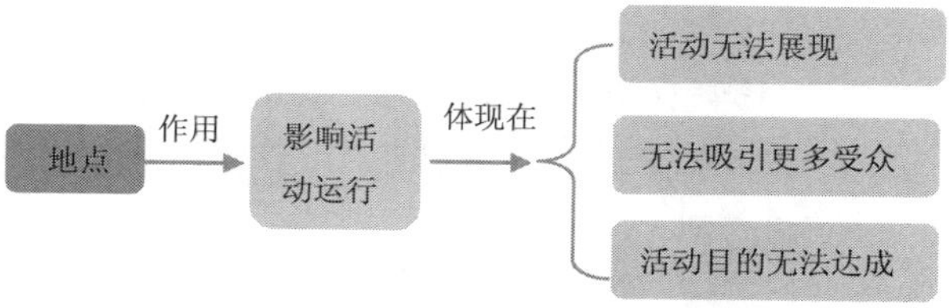

图 4-2 地点在活动策划中的作用

4.2.2 根据活动类型来选择地点

活动策划者在进行活动地点的选择时，需要考虑的方面有很多，其中首先要考虑的因素就是根据活动类型来选择地点，如图 4-3 所示。

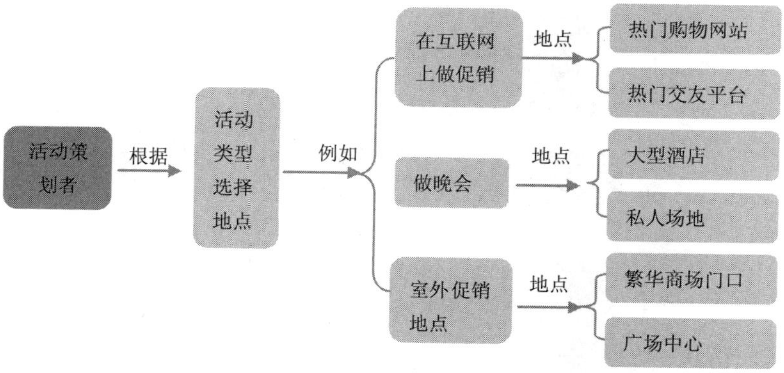

图 4-3 根据活动类型来选择地点

活动策划者在选择活动地点时，还需要考虑成本问题。活动策划者一般根据企业接受范围内的预算资金来选择地点，需要考虑如下问题。

- 在酒店做活动：住宿条件是否值价、就餐条件是否值价、服务是否值价。

- 在购物网站做活动：广告费是否能承担、物流成本。
- 在室外进行促销活动：场地使用费、清洁费、能源电费等。

此外，活动策划者在选择活动地点时，还需要考虑地址问题，应尽量选择交通便利、不太偏僻的地方作为活动地点。

活动策划者在选择地点时千万不要随便选择，一定要从各方面进行考虑，势必要挑选出一个最合适活动的地点，还可以从地点的人流量率、地点的地理位置等方面考虑地点的合适程度。

活动策划者若是选定了一个地点，就不能松懈对地点的考量，还需要考虑如下方面的问题。

（1）地点的容量：容纳人数、容纳设备量、是否能进行表演。

（2）场地的环境：是否有噪声、安全性是否强。

（3）场地的设施：是否提供休息场所、卫生状况是否符合要求、餐具是否齐全。

（4）场地原有摆设是否需要搬离：搬离是否需要额外费用。

（5）是否全程需要清洁人员：如何收费。

活动策划者选定地点后，需要将自己所考虑的事项都写在合同中，与活动场地租赁方签订好合同，才能保障不会出现租赁方面的差错。

4.3　宣传：活动成功的“带领先驱”

对于活动策划来说，活动的宣传方式是活动成功的“带领先驱”，当宣传效果非常好时，活动成功率会极大地提高。若宣传效果不佳，那么活动效果必然不会好。

活动时间虽然有时候会延后结束，有时候又会提前开始，但其毕竟都有一个相对固定的时间段，想要在这个固定的时间段内实现活动效益的最大化就一定要在活动还没开始之前就开始着手前期准备工作，就如演唱会要提前售票，电视节目要提前预告，活动策划也要提前宣传，如图 4-4 所示。

图 4-4　某歌手的演唱会的活动宣传

4.3.1　活动宣传可以吸引人流量

活动宣传的主要作用在于吸引人流量，让人们知晓企业活动的存在，只有这样才能提高活动的成功率，在活动策划书中也可以将活动宣传的手段描述出来。

活动宣传的作用有如下几点：

（1）吸引人们积极参与。

（2）吸引各大媒体的注意力。

（3）展示企业、产品、品牌形象。

（4）使人们接受相关信息的宣传。

通过宣传的作用可以提高活动的成功率，从而促进活动目的的达成。

4.3.2　活动宣传需考虑 3 个问题

活动策划者在选择宣传渠道时，需要考虑其渠道是否能为活动带来最大化的效果，不然活动宣传就会变成一种既“烧钱”又“无用”的活动策划策略。因此，活动策划者在选择宣传渠道时，需要考虑如下 3 个问题：

- 企业精准人气是否在此渠道比较聚集。

- 此渠道能给活动带来怎样的宣传作用。
- 活动是否适合此渠道的整体风格。

活动策划者在选择活动宣传策略时，需要在宣传策略中嵌入如下六大特色，才会具有吸引人们注意力的作用。

（1）活动主题：要求鲜明，将活动主题表达出来，如图 4-5 所示为某企业以“六一”为主题举办的怀旧活动。

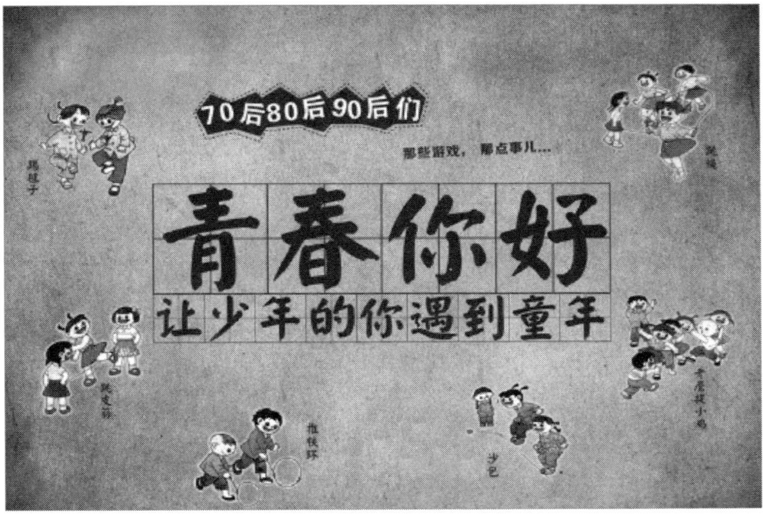

图 4-5　主题鲜明的活动

（2）活动广告则需要满足的 5 个要求，具体分析如图 4-6 所示。

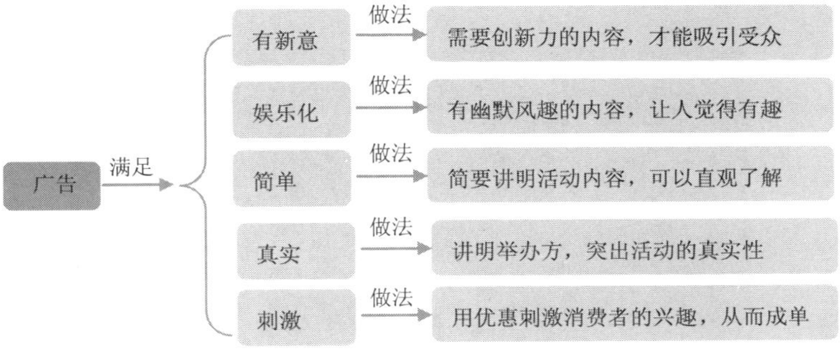

图 4-6　活动广告需要满足的 5 个要求

4.3.3 多种多样的活动宣传方式

活动宣传方式多种多样，活动策划者若想在众多的宣传方式中选出一个最合适的活动方式，则需要从如下 3 个方面考虑：

- 活动成本问题。
- 活动宣传面对的受众是否是活动需要的。
- 是否适合活动主题。

除此之外，活动策划者还需要对活动宣传方式有一定的了解，才能从客观上进行选择。下面就来了解活动宣传的常见方式。以微信朋友圈、热门互联网载体和实体宣传单为例，相关分析如图 4-7 所示。

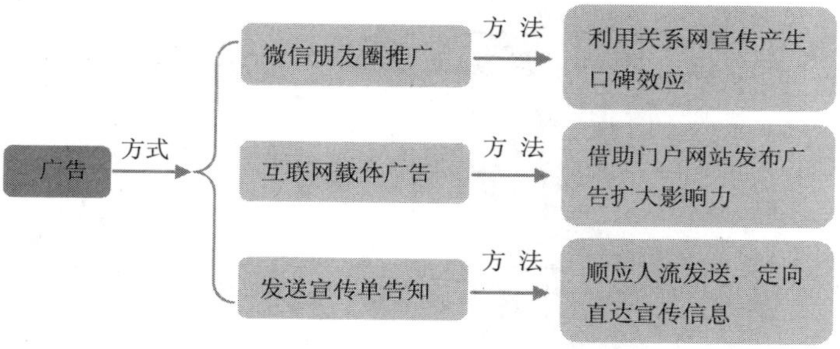

图 4-7　选择宣传方式的举例分析

如图 4-8 所示，某培训机构用发宣传单的宣传方式为活动做宣传，不少有意向的顾客会耐心地听工作人员讲解活动内容，由此可见，这种宣传方式的影响还是不错的。

图 4-8　工作人员向顾客传达活动信息

4.4 流程：让活动执行起来更加流畅

活动流程是否合理、是否精密能影响整个活动在执行过程中的运行度，下面就来了解活动策划流程是如何制订的。

4.4.1 制订活动流程的原则

活动策划者在制订活动流程时，千万不能随意将一些毫无关系的流程环节拼凑在一起，若是拼凑在一起，那么活动策划书定然不会被采纳。

所谓的活动流程是指将一个一个环节紧密拼凑起来从而形成一个活动，使得活动在整个运行方面具有逻辑关系。

下面就来了解制订活动流程时需要掌握的4个要点。

（1）顺序有秩：前后顺序需要有逻辑性，例如调动活动气氛→进行活动游戏→在活动中传播产品→抽奖。

（2）流程全面：将活动内容展现全面，例如策划活动时需要将活动定位、形式、主题等方面都考虑一遍。

（3）方法合适：活动操作方面需要合适，例如对于跨省运输活动中的产品，若选择错误的运输方式则很有可能会影响活动的开始时间。

（4）正确衡量：衡量活动流程的标准，例如运输产品的过程中，需要轻拿轻放，不然产品会受到损害。

4.4.2 策划活动流程的要素

这里所讲的活动策划流程，不单是指活动执行流程，还包括活动策划整体流程，将整个活动从策划到执行都结合在一起，才能策划出一个容易引人注意的活动。下面就来了解活动策划者在策划活动整体流程时需要考虑的要素，如图4-9所示。

活动定位	活动目的和氛围	例如	活动的目的是提高产品知名度，则活动氛围可以轻松愉快，由此活动可以定位在娱乐促销型上
活动形式	根据产品类型考虑	例如	产品为凉茶，则可以举办“踩指压板”活动，两人一组，两组PK，以到达终点用时最短的一组为胜利者，胜利者可获得一瓶凉茶以及企业纪念品，这就是让参与者流汗之后，立刻喝凉茶，更能让参与者注意凉茶，了解企业产品
活动主题	根据活动形式考虑	例如	由于是两人一组的游戏，那么就可以促进朋友之间的关系为主题，来吸引人们的注意力，这对情侣非常有效果，既能让情侣拿到礼品，又能增加情侣之间甜蜜的回忆，对于情侣来说，非常有吸引力
活动细化	制订游戏规则	例如	一轮 PK 限时 20 分钟以内，主持人可以在 PK 的过程中邀请观众参与下一轮的游戏，且直播正在参与者的状况
工作安排	活动整体工作安排	例如	将活动的时间、地点、参与人群、准备、宣传等各方面都考虑清楚
宣传口号	根据主题做口号	例如	不管是爱情、友情还是其他“情”，大胆来战，就能升温
应对意外	做另一份游戏备案	例如	考虑天气缘故，可以在举办活动的地方搭建一个雨棚或遮阳棚

图 4–9　策划活动整体流程需要考虑的要素

第五章

创作文案——提升活动策划的弱项

文案对于品牌和销售来说，有着宣传和推广的作用，好的文案还能对活动起到推动作用，因此这也是每一位销售人员需要掌握的一项内容。本章的主要内容就是告诉活动策划者如何创造文案以及掌握文案的写作技巧，同时为书写活动策划方案奠定基础。

本章主要内容包括：

➢ 认识活动文案及文案创作

➢ 如何对文案进行调研

➢ 善用文案中的写作技巧

5.1 认识活动文案及文案创作

文案，在最初的意思就是用于放书的桌子，后来泛指在桌子上写字的人。随着时代的进步，现在所说的文案策划，主要是指公司或企业中从事文字工作的人进行的相关策划。

在实际的写作应用中，文案在内容上是“广告文案”的简称，由英文 copy writer 翻译而来。广告文案有广义和狭义的区别，如图 5-1 所示。

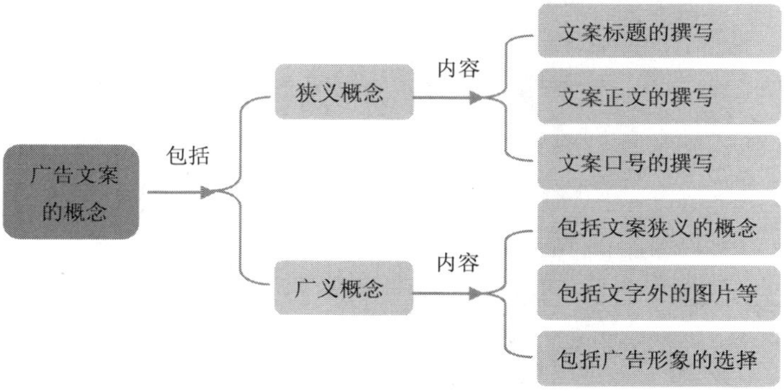

图 5-1　广告文案的概念

文案主要来源于广告行业，但是与广告类型的活动策划存在一定的区别，相关的分析如表 5-1 所示。

表 5-1　文案策划与活动策划的区别

名称	区别
文案策划	侧重文字本身意思
活动策划	侧重活动本身内容

在现代商业竞争中，精彩的文案往往能够让一个企业在众多的同类型公司中脱颖而出。文案是竞争的利器，更是企业的核心和灵魂所在。

对企业而言，一个优质的文案可以促进品牌推广，提高人气和影响力，进而提升企业声誉，获得更多的用户。文案的作用十分广泛，尤其是在广告业蓬勃发展的商业社会中，如图 5-2 所示，以韩束护肤品为例，其创造的文案就着重突出了它在补水方面有强力保湿的功效，在无形之中表现出护肤品的实用性。

图 5-2　韩束护肤品中的广告文案

5.1.1　分析文案的构成部分

国内的广告公司根据行业需求的不同，创造了种类繁杂的文案类型，比如创意文案、企划文案、品牌文案等。一个完整的文案是广告内容的文字化表现，主要由 4 个部分构成。下面针对广告文案的 4 个组成部分进行简单分析，主要对各部分在文案中所起的作用进行认识，从而更加深入地了解文案本身。

1. 标题

标题是广告文案的主题，在内容上往往也是广告的诉求重点，针对标题的相关分析如图 5-3 所示。

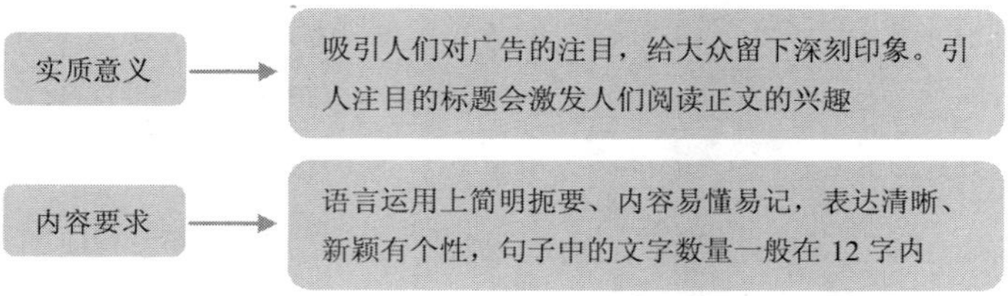

图 5-3　标题的相关分析

2. 副标题

副标题是相对主标题而言的，是对主标题的补充说明。副标题属于文案的重要组成部分，关系到文案的内容表现，具体分析如图 5-4 所示。

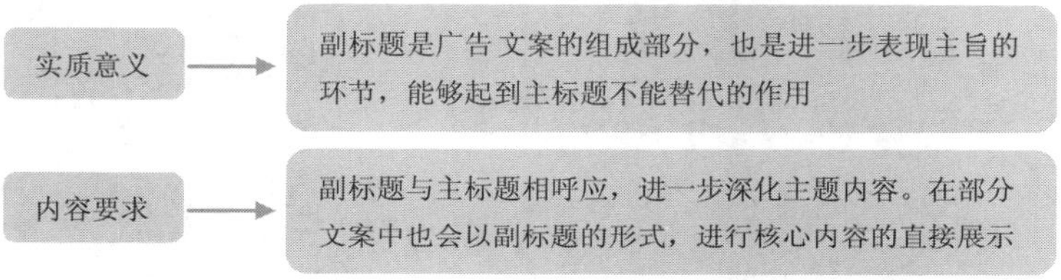

图 5-4　副标题的相关分析

3. 正文

对于任何行业而言，要想打败竞争对手，获得受众市场，不能没有广告的支持，而广告正文就是广告中最为直接有效的部分，具体分析如图 5-5 所示。

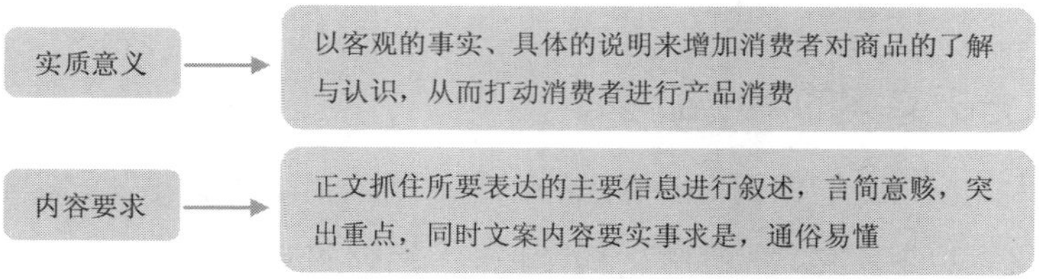

图 5-5　正文的相关分析

4. 口号

口号的表现形式就是不断地重复，从而获得一定的宣传效果，属于一种战略性的文字。对于企业而言，口号是推广商品的基本要素之一。广告口号在生活中很常见，比如联想公司的“人类失去联想，世界将会怎样”等。如

图 5-6 所示为针对广告口号实质意义和内容要求的具体分析。

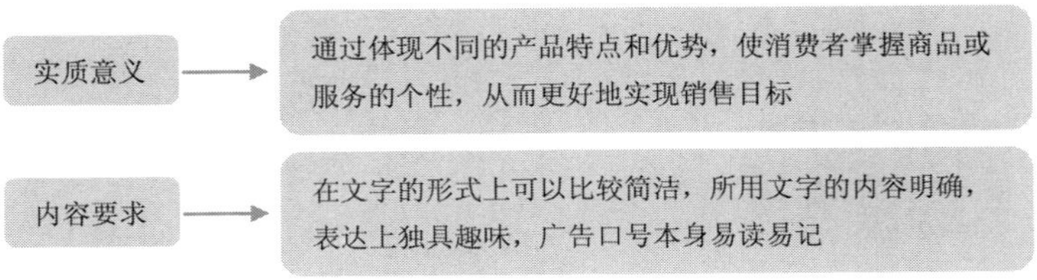

图 5-6　口号的相关分析

5.1.2　文字感染力对文案的作用

文案是商业宣传中较为重要的一个环节，从其作用来看，优秀的文案具备强烈的感染力，能够给商家带来数倍的收益和价值。在信息繁杂的网络时代，并不是所有的文案都能够获得成功，尤其是对缺乏技巧的文案而言，获得成功并不是轻而易举的事情。

从文案写作的角度出发，具体文案内容的文字感染力来源主要分为如下 4 个方面：

- 信息准确规范。
- 主题创意突出。
- 内容定位精准。
- 表现生动形象。

下面就从这 4 个方面进行详细介绍。

1. 信息准确规范

随着互联网技术的发展，每天更新的信息量十分惊人。“信息爆炸”的说法主要就来源于信息的增长速度，庞大的原始信息量和更新的网络信息量以新闻、娱乐和广告信息为传播媒介作用于每一个人。由此可见，每个人每天被动接受的信息量十分庞大，尤其是广告类信息较为繁杂。对文案创作者而言，要想让文案被大众认可，能够在庞大的信息量中脱颖而出，首先需要的就是准确性和规范性。

在实际的应用中，准确性和规范性是对任何文案写作的基本要求，具体的内容分析如图 5-7 所示。

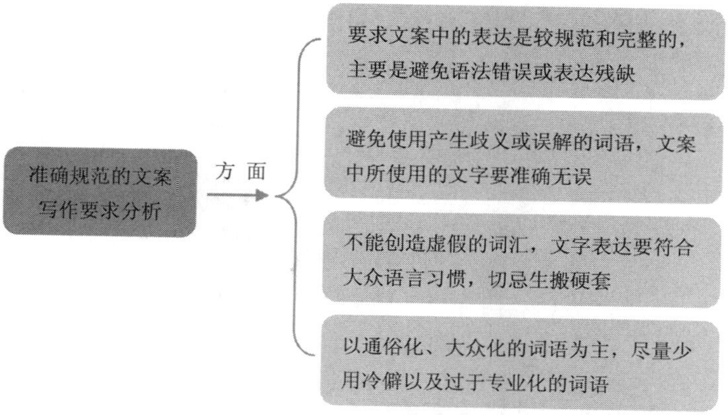

图 5-7　准确规范的文案写作要求分析

准确和规范的信息能够促进广告的有效传播，节省产品的相关资金投入和人力资源投入等，从而创造更好的效益。

2. 主题创意突出

创意对于任何行业的广告文案都十分重要，尤其是在网络信息极其发达的社会中，自主创新的内容往往能够让人眼前一亮，进而获得更多的关注。创意是为广告主题进行服务的，所以文案中的创意必须与主题有着直接关系，创意不能生搬硬套，牵强附会。在常见的优秀案例中，文字和图片的双重创意往往比单一的创意更能够打动人心。如图 5-8 所示为某品牌洗发水的双重创意广告。

图 5-8　某品牌洗发水的双重创意广告

图片的创意在于将人物和背景进行双重曝光处理，同时结合广告文字的内容创意，共同突出广告想要表达的内容，打造出震撼人心的效果。对于正在创作中的文案而言，要想突出文案特点，在保持创新的前提下需要通过多种方式更好地打造文案本身。如图 5-9 所示为文案要求的诸多方面。

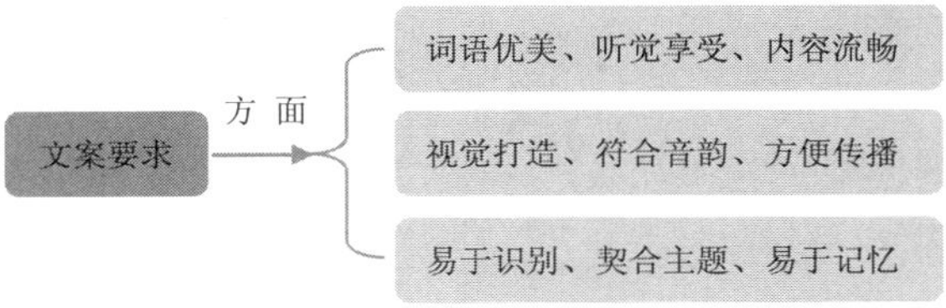

图 5-9　文案要求的诸多方面

3. 内容定位精准

精准定位同样属于文案的基本要求之一，每一个成功的广告文案都具备这一特点。如图 5-10 所示为某品牌包包的推广文案。

图 5-10　某品牌包包的推广文案

在文案的内容上，某品牌包包的这则广告文案主要体现产品能够收纳许多物品的作用。精准的内容定位不仅能够让产品更好地被受众群体所接受，还能让潜在用户也被相关的信息所打动。对策划人员而言，要想做到精准的内容定位，可以从 4 个方面入手，如图 5-11 所示。

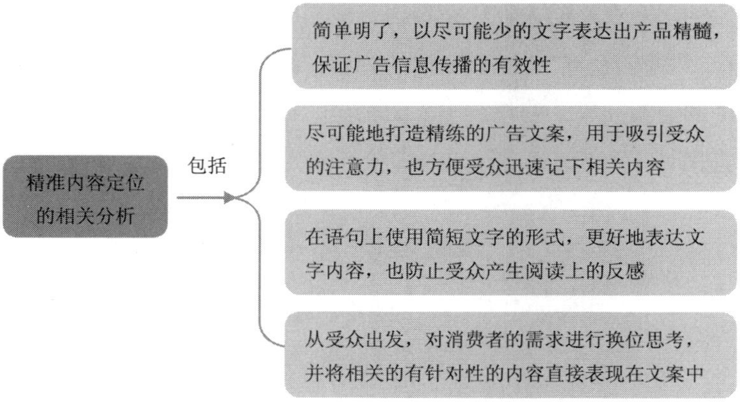

图 5-11　精准内容定位的相关分析

4. 表现生动形象

对策划人员而言，每一个优秀的文案在最初都是一张白纸，需要创作者不断地添加内容，才能够最终成型。图片生动形象可以吸引受众的注意力，因为内容容易被接收，意思表达更清晰，还可以激发受众的兴趣，从而促进产品信息的传播和销售。如图 5-12 所示为某品牌手机的活动宣传文案，其中通过动画和文字相结合，使得整个文案显得更加生动形象。

图 5-12　生动形象的活动文案

5.1.3　怎样编写活动文案

在文案的编写中，在了解了文案的基本要求后，接下来介绍文案的内容和写作方法，帮助读者进一步详解文案的编写。

1. 文案的内容

随着各行业企业对文案的不断重视，文案逐渐渗透多个行业，尤其是在广告领域中发挥着越来越大的作用，成为宣传方式的主角。如图 5-13 所示为某家居公司的广告文案，简洁的文字搭配精美的图片来突出公司的广告用意。

图 5-13　某家居公司的广告文案

在广告的策划中，一般由美工和文案各自分工，两者完成不同的任务，但服务于同一个主题。

在实际的应用中，除了家居公司的这种广告口号属于文案，还有很多其他方面与文案有着不可分割的关系，具体分析如图 5-14 所示。

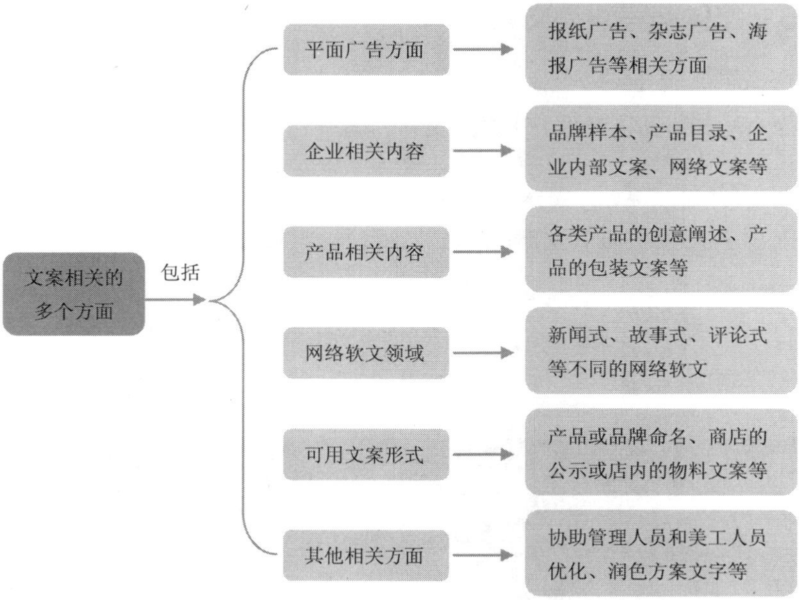

图 5-14　与文案相关的多个方面

2. 文案的基本写作方法

对于文案写作而言，内容和模式不容忽视，相关的写作方法主要分为如下 3 种模式：

- 强迫思考法。
- 延伸特点法。
- 倒三角写作法。

强迫思考法主要是针对文案前期的写作，用于构建文案整体思路的基本结构，相关分析如下。

- 本质：挖掘潜力、构建思路和产生创意。
- 意义：完成文案、组织要点和思维训练。
- 表现：罗列商品名，逐步填写可以帮助商品销售的众多优点。

除了强迫思考法，常见的还有延伸特点法，主要是在原有的商品特点基础上进行思考延伸，进一步挖掘商品特点的潜在内容，需要以原有特点为出发点。如图 5-15 所示为宏碁电脑广告文案中的特点展示。

图 5-15　宏碁电脑广告文案中的特点展示

还有一种写作的方式是模仿新闻学中的“倒三角写作法”，主要是将文案内容分为 3 个部分逐步完成，相关分析如图 5-16 所示。

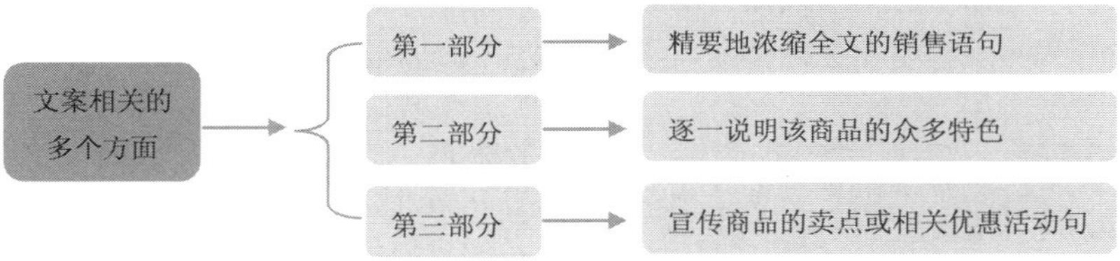

图 5-16　“倒三角写作法”的相关分析

5.1.4　文案对创作者的要求

对于商业公司而言，对内对外的宣传都是极为重要的。专业的文案创作者对于商业公司的作用和影响十分明显。

文案策划人员在类型上主要分为两种，分别是组织内部的雇员和自由撰稿人士。在这两类人员中，以内部的工作人员为主。与文案策划人员相关的常见公司或组织如图 5-17 所示。

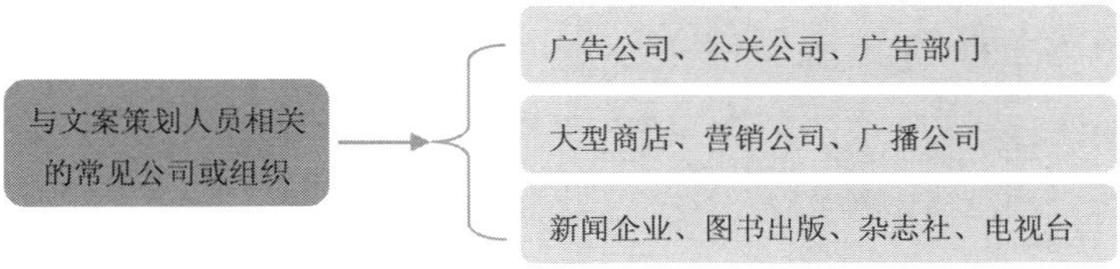

图 5-17　与文案策划人员相关的常见公司或组织

文案涉及的领域有很多，不同的职位所需要的文案人员的能力不尽相同。如图 5-18 所示为某公司招聘文案人员的相关要求内容。

图 5-18　某公司招聘文案人员的相关要求内容

在职位招聘中，常见的对文案人员的要求主要集中在 4 个方面，相关的信息分析如图 5-19 所示。

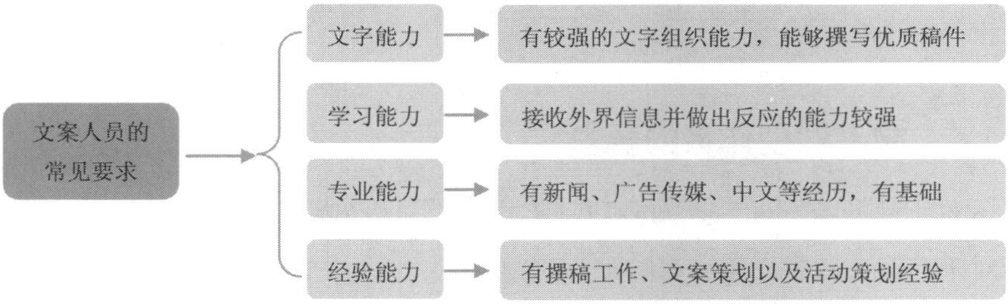

图 5-19　文案人员的常见要求

5.1.5　文案与美工间的关系

文案所需的工作内容并不是独立存在的，在广告文案的设计中，美工和文案需要各自分工，但各自工作的中心点是唯一的。

作为一个文案的策划者，在平时的工作中怎样进行工作内容的沟通，将自己的创意充分传达给美工，进而让美工用具体的图片或作品表达出来，是一件有难度的事情。

对策划人员而言，创意往往是独具一格的，甚至无法直接用言语来表达。与之相搭配的美工却需要充分地理解文案内容，才能够准确完成任务。

从文案的角度出发，要想避免美工的重复工作，在需求沟通时要注意 4 个方面的内容，如图 5-20 所示。

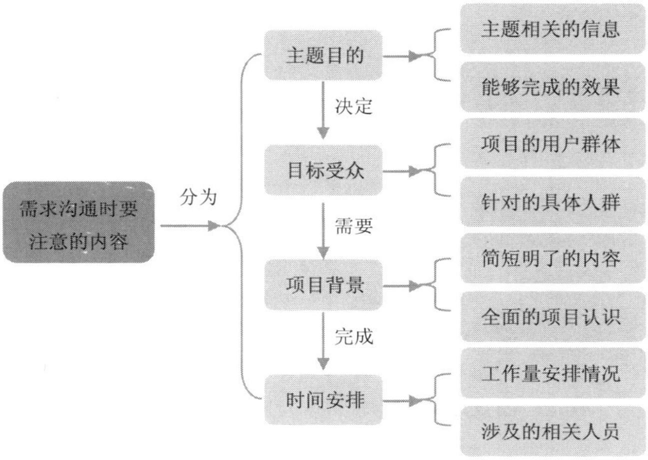

图 5-20　需求沟通时要注意的内容分析

5.2　如何对文案进行调研

对文案策划人员来说，设计文案本来就是一个从无到有的过程，而在这个过程中经过创造者的添加和创造，才形成了一个个优秀的文案。如果想通过文案对活动策划提供帮助，就必须对活动策划的工作进行了解，文案策划人员需要根据思考内容进行市场调研完成最终文案，其中思考内容包括如下 4 个方面：

- 自己需要做好哪些准备工作。
- 备妥哪些信息才开始写作。
- 用什么方式去收集相关信息。
- 如何想出优秀文案的点子。

5.2.1 文案研究的准备工作

对文案研究而言，文案策划人员写作前的构思和规划固然十分重要，但前期的市场调研也必不可少。市场调研的目标主要是各种数据、资料、信息，比如销售额、市场份额、盈利性问题等。要想完成市场调研，同样需要一定的技巧和相关步骤，在前期的准备工作中，主要集中于 3 个方面的内容，如图 5-21 所示。

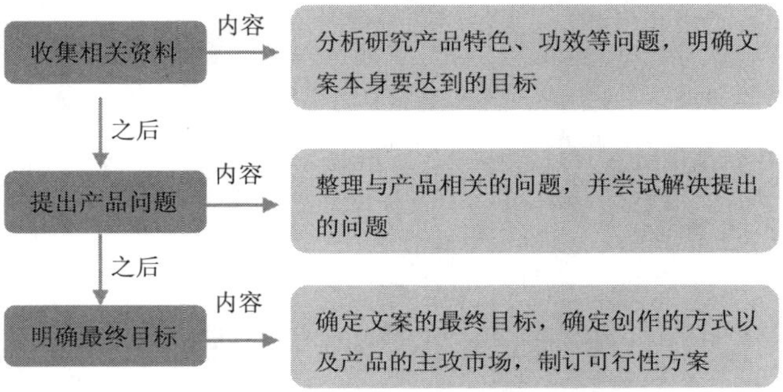

图 5-21　前期准备工作集中的方面

关于图 5-21 提及的 3 个方面的前期准备工作，具体介绍如下。

1. 收集资料

对文案策划人员而言，需要在调研前期收集的资料类型有很多种，其中较常见并且有一定借鉴意义的有企业或产品宣传册。

如果文案是针对已经生产的产品，那么相关的背景资料都需要收集起来进行参考，大致方面如下：

- 相关评论文章、相关广告内容、商品特点记录。
- 宣传册、年度报告、广告企划、技术文件。
- 官方网站、竞争对手资料、使用者反馈。

在网络时代，从网络上搜索产品信息，并且进行分析整理是最为常见的写作技巧。花费一定的时间去打印资料、阅读网站信息或产品信息，能够在文案写作过程中获得事半功倍的效果。

比如在百度搜索、360 搜索引擎中，还可以以关键字的形式，获得更多适合用于文案的重要信息，善于使用网络工具是文案工作人员必备的技能。

2. 提出问题

为了更好地进行整理，一般情况下对与产品相关的问题分析，将会列为完整的清单，以便及时有效地查找相应资料。在诸多问题中，产品的特色与功效是主要被关注的，也是文案内容的宣传重点，一般选择 3 ~ 4 个功能进行解说即可。如图 5-22 所示为电冰箱的相关解说。

图 5-22　电冰箱的相关解说

从实用角度的具体问题分析而言，文案需要了解并提出的相关内容主要有如图 5-23 所示的几个方面。

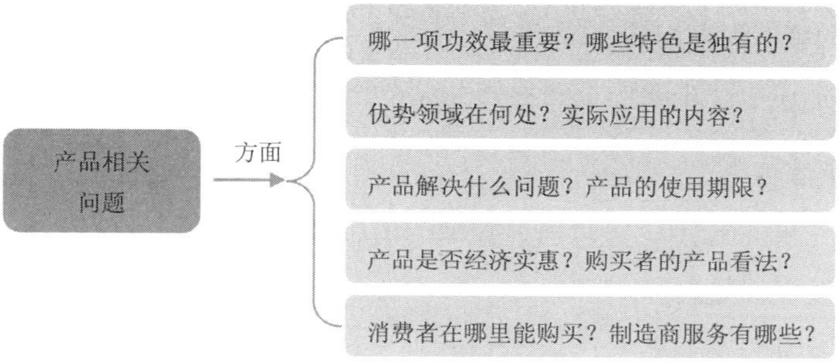

图 5-23　产品相关问题分析

3. 明确目标

文案的写作根据目标的不同会有不同的创作方式，所以在市场调研的准备工作中，明确最终的文案目标是重要环节，相关内容的分析如图 5-24 所示。

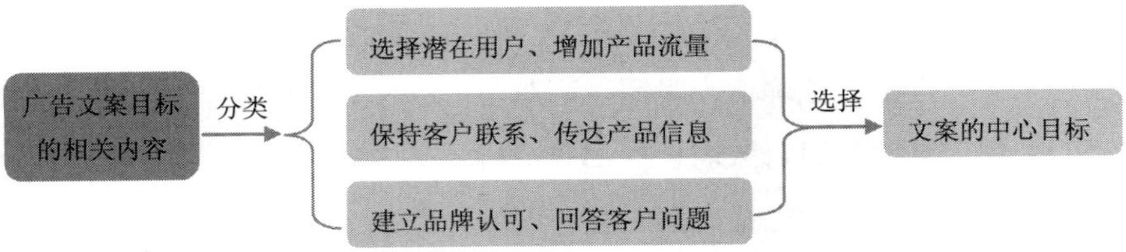

图 5-24　广告文案目标的相关内容分析

文案的中心目标包括文案创作的顺序性和准确性以及产品的主攻市场和实际应用，一个文案可以只有一个中心目标，比如传达产品信息，也可以同时有多个中心目标。

5.2.2　制订写作流程

文案策划人员的工作，主要是通过构建字句和想法，从而让产品等能够达到预期的销售目标。在具体的创作过程中，文案已经有一系列的标准步骤，用于更好地让文字创造销售力，具体内容如下：

（1）根据情报提炼信息。

（2）寻找创新写作模式。

（3）列出详细问题清单。

（4）善于联合合作对象。

（5）倾听别人相关建议。

针对上述 5 个步骤，下面一一进行介绍。

1. 提炼信息

情报主要来源于调研阶段，提炼的信息则直接应用于文案。从文案创作的角度出发，相关内容如下：

- 主题资料的来源包括信息搜索、市场调研、专业资料、沟通交流。
- 主题资料的作用是熟悉内容、综合分析、实际应用、内容升华。

从主题资料中提炼出重点信息内容是文案创作的首要步骤。

2. 创新写作

文字的创新往往就在于想法的不同搭配，尤其是与图片的共同组合，创造了更多可能。在文案的写作模式上一般可以分为 3 种，分别是文字创新、图片创新以及平实的文字和平实的图片组合后产生的创新效果。

如图 5-25 所示为某瓷器店杯子的创意广告文案，根据杯子的形象进行创新，图片主体是杯子装满了水和杯子里面有一座小山，杯子图片的中央，给人一种仙气缭绕的感觉，在视觉效果上带来了强烈的冲击感。

图 5-25　某瓷器店杯子的创意广告文案

除文字和图片的组合，属于在既有想法中搭配出新的组合外，还可以将两种不同形象的设计组合为一种，通常在图片中体现得比较多。如图 5-26 所示为电池创意广告。

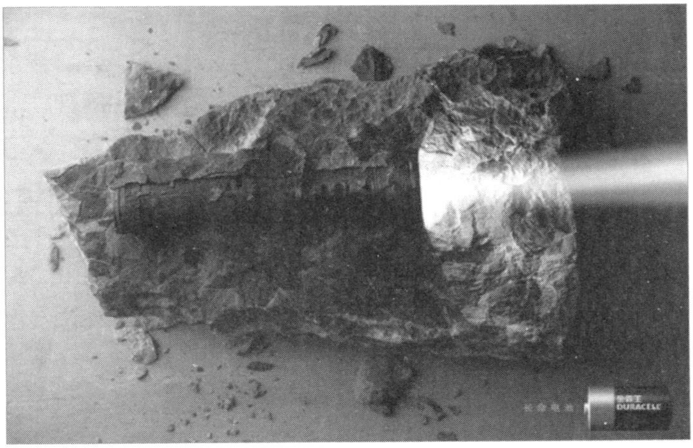

图 5-26　电池创意广告

3. 列出清单

列出清单不仅在市场调研时有决定作用，在写作过程中也会有较大的帮助。清单所列出的问题能够刺激写作者的思考，进而成为新想法的出发点。从创作者的角度出发，相关的内容分析如图 5-27 所示。

不同的创作者在写作时的状态不同，写作方式也往往因人而异。一般情况下，文案的创作很难在一开始就获得成功，写得完美无缺。即使是优秀的文案策划人员，也需要重写多次，才能够将所有的元素归纳到位。对文案新手而言，列出详细问题清单更加有必要。尽管文案本身内容或许并不是很多，但是从全面的角度出发，搜索的背景资料应该远多于文案所需。

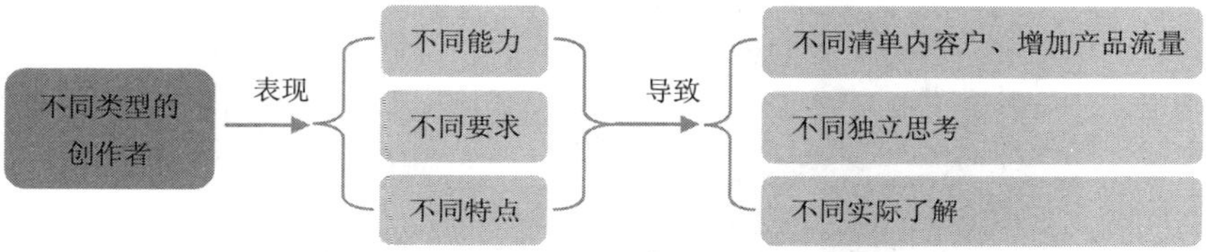

图 5-27　对创作者的相关分析

4. 联合对象

在文案人员需要联合的合作对象中，美工是至关重要的一部分，对美工的相关分析如图 5-28 所示。

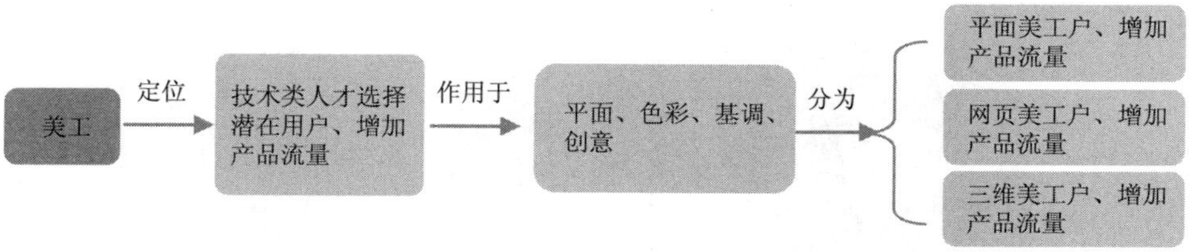

图 5-28　对美工的相关分析

美工的工作主要集中于艺术指导方面，负责图像内容，在广告业中的作用十分突出。如图 5-29 所示为某宠物店活动宣传时的美工作品。

图 5-29　某宠物店活动宣传时的美工作品

术业有专攻，对文案策划人员而言，善于联合合作对象，是完成文案任务的必要步骤。没有美工的帮助，即使文案策划人员写出了优质的文字或内容，也很难达到预期的文案效果。

5. 倾听建议

即使是大侦探福尔摩斯，也需要华生医生在某些时候提供帮助或者提出意见。对文案策划人员而言，在写作过程中或者完成之后，需要倾听别人相关建议，相关分析如图 5-30 所示。

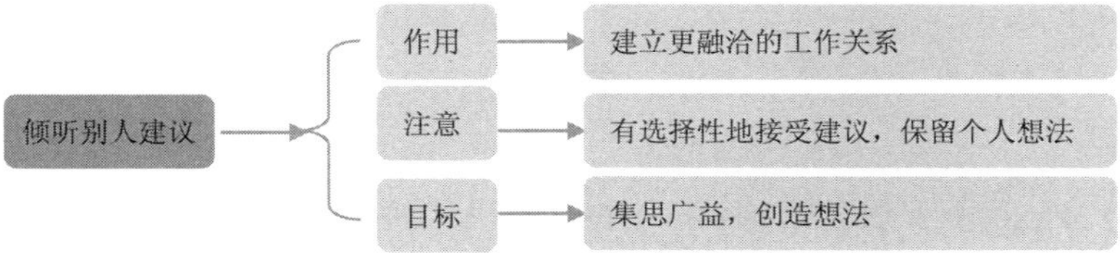

图 5-30　倾听别人建议的分析

所有的步骤都是为了创造更好的文案，通过有用信息的汇集，来帮助文案写手进行深层次思考。

5.2.3　用文案形式体现卖点

任何新产品的问世都是一场无声的宣战，如何在未来的市场中逐渐成为主角，所需要关注的就是卖点。新产品的卖点往往是其销售成功与否的关键所在，文案对新产品卖点的把握自然是关键中的关键。无论是否是新品上市，卖点都是产品销售经营的关键要素，只有卖点能把产品变成商品，实现获得利润的根本目标。尤其对于新品而言，卖点更是直接决定了产品未来市场的生死。这种状况一直持续到王老吉的卖点打造成功，短时间内就创造了少有的销售传奇。如图 5-31 所示为王老吉的卖点展示。

图 5-31　王老吉的卖点展示

将王老吉的食用功效与饮料相结合打造卖点，上市后的王老吉很快就创造了爆发式的销售热潮。从王老吉的案例中可以看出，抓住卖点是新品销售的基础条件，没有卖点就没有销售。

从产品本身而言，卖点的来源主要有三个方面，都是文案策划人员需要在文案中进行深入分析的，相关内容如图 5-32 所示。

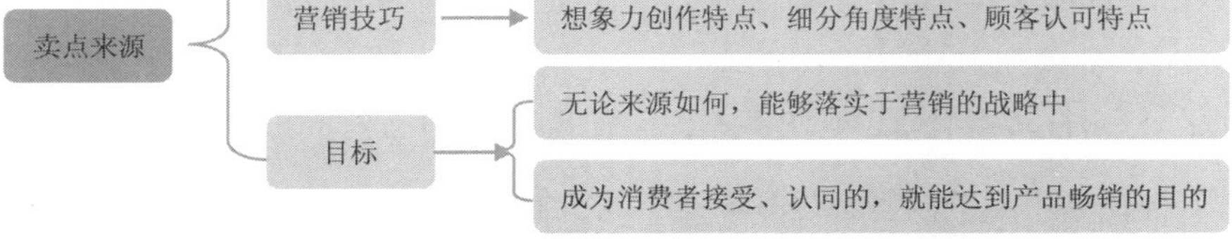

图 5-32　卖点来源相关内容分析

从新品销售的角度出发，抓住卖点的相关文案需要从多个方面入手，其主要内容如下：

（1）说明受众需求的文案。

（2）说明产品信息的文案。

（3）说明服务详情的文案。

（4）说明使用事项的文案。

针对上述 4 个分类，下面一一进行介绍。

1. 说明受众需求

在文案创作之前，首先要了解需求说明文案的对象，也就是受众群体。

一般情况下，新品的需求说明文案的受众并不是产品的直接受众，内容信息也并不是为产品的直接受众所准备的，从产品前段和文案审核两个方面出发，相关的受众信息分析如图 5-33 所示。

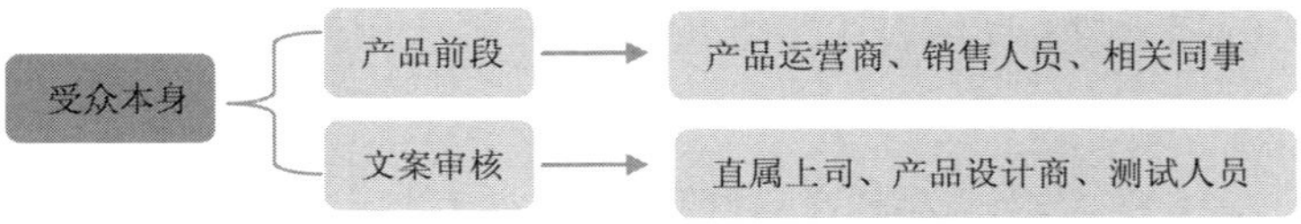

图 5-33 文案相关受众分析

除了对文案的受众有明确的选定，还需要在需求文档撰写前，对产品方向和最终产品用户的把握足够强，从产品目的、销售到每个链接的含义，都需要有较为准确的定义。确切地说，当文案写手开始写文档时，相关的内容和需要注意到的方面应该万事俱备。

根据不同产品的要求不同，需求说明文案也会根据团队和产品的实际情况而确定详细程度。比如在互联网产品的需求说明文案中，削弱文档的沟通能力，加强团队的直接交流，进一步简化流程，实现互联网化的快速反馈，快速迭代，等等。这种情况下，需求说明文案的内容会极大简化。

下面以常见的新品需求说明文案重点为主，了解重点的分层次展现，具体内容如图 5-34 所示。

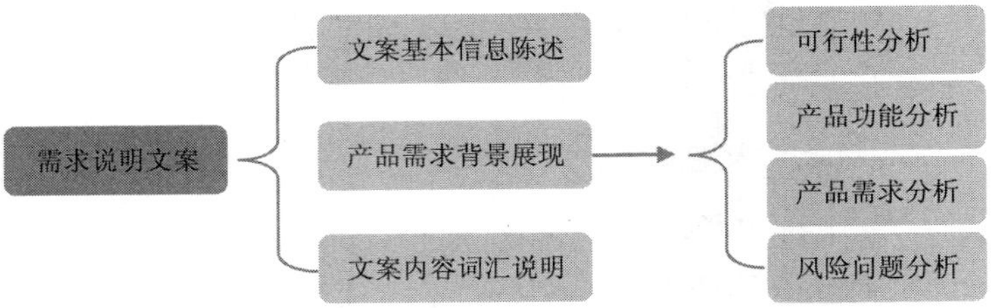

图 5-34　需求说明文案重点的相关分析

除了内容上的重点，还需要注意文案本身的修改性，需求说明文案的修改情况比较突出，在创作过程中需要进行多次的修改才能够达成最终目标，所以相关文案中会用不同颜色的字体来进行辅助，在最终提交的文案中进行统一处理。

2. 说明产品信息

产品说明文案属于较为常见的产品相关文案类型，主要以文字的方式对某产品进行相对应的详细表述，使人能够更好地认识和直接了解某产品的相关信息。

一般情况下，作为新品的产品说明文案，其直接的阅读者就是销售人员、运营商和最终的产品受众。

在创作文案之前，要对产品的相关说明内容进行整体把握，同时产品说明文案的内容要实事求是，不可为达到某种目的而夸大产品的作用和性能，这是制作产品说明文案的职业要求。

在文案创作之前，写手需要了解相关产品的具体情况并明确相关产品内容，主要有如图 5-35 所示的几个方面。

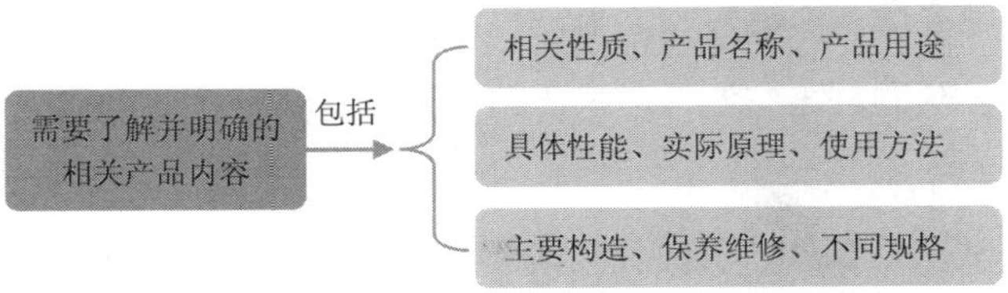

图 5-35　需要了解并明确的相关产品内容

对于新品而言，产品的说明文案主要是针对产品的最终用户而言的。在内容上要求语言简洁，开头部分常常用概说的方法简要地阐明其性质、特点，有的甚至全文都用概说的方法。需要注意的是，根据不同产品的功能、用法，其产品说明文案的写作方法也有较大的区别，但文案的直接作用和目标是统一的，就是让读者尽可能直接地明白信息，相关分析如图 5-36 所示。

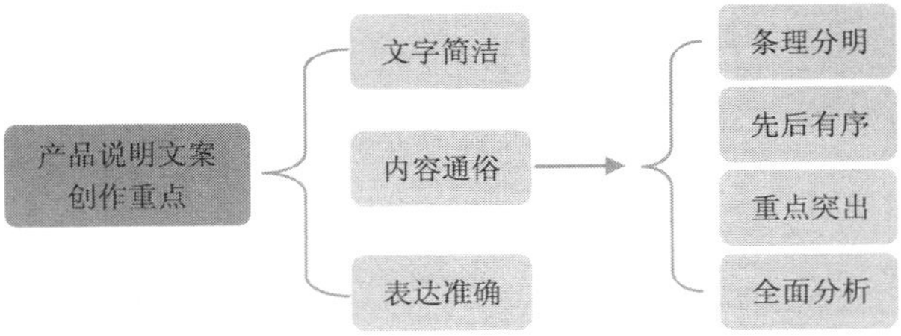

图 5-36　产品说明文案创作重点的相关分析

要把握重点，就需要了解文案对于受众的主要作用有哪些，在常见的文案中，其主要表现于说明指导作用、宣传促销作用、信息交流作用和强制指令作用。

在大部分的产品说明文案中包括这些内容和作用，由于标准的不同，产品说明文案分为 3 种类型，如图 5-37 所示。

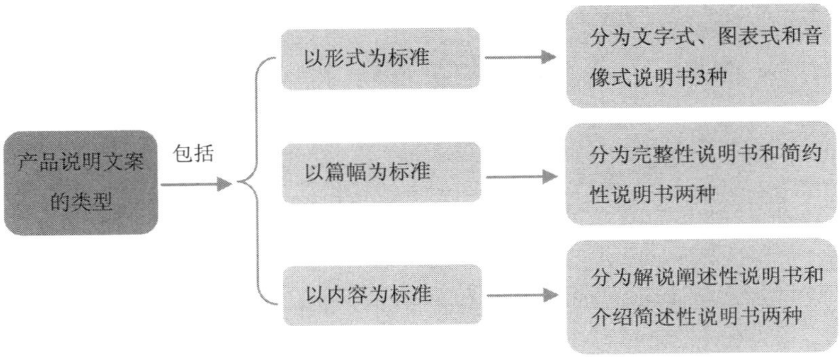

图 5-37　产品说明文案的类型

3. 说明服务详情

服务说明文案往往与产品说明文案是共同使用的，主要是服务行业向相关用户介绍自己所提供服务的性质、对象、收费情况及申请或使用这种服务的方法、条件等而使用的说明书。根据内容的不同，服务说明文案主要分为服务介绍说明、服务方法说明两种文案方式，相关分析如图 5-38 所示。

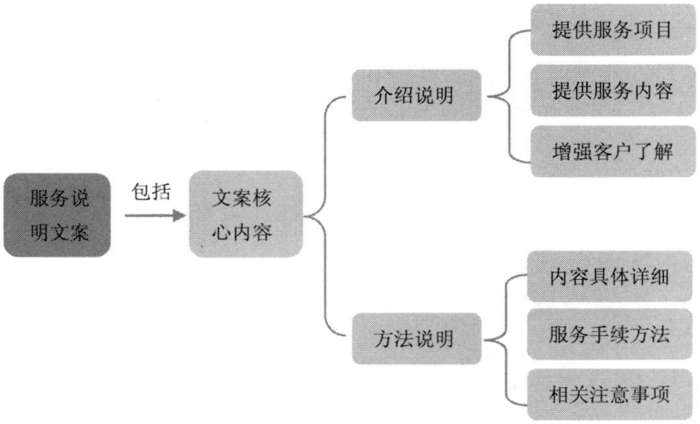

图 5-38　服务说明文案的相关分析

对于新品而言，服务说明的重要性需要根据产品的实际属性而定。一般情况下，文案内容是由产品相关服务直接导向最终受众的。

从全面性的角度出发，文案内容的写作可以同时涉及介绍说明和方法说明两种方式，其目标统一，让读者尽可能直接地明白信息，相关分析如图 5-39 所示。

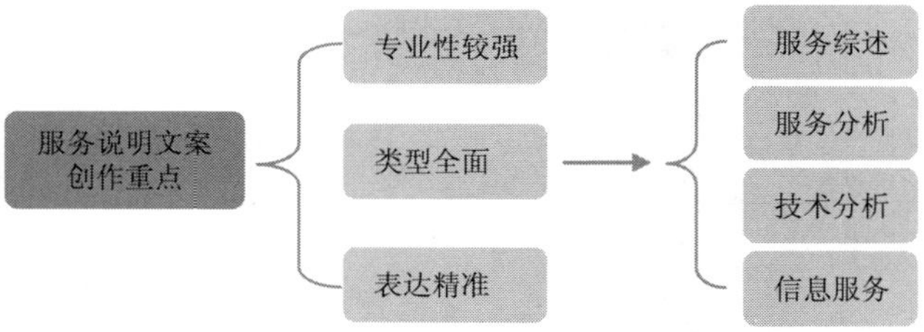

图 5-39　服务说明文案创作重点的相关分析

4. 说明使用事项

使用说明文案也可以被称为使用手册或用户使用指南，是常见的便捷式产品信息集合体。

相比于其他的新品内容说明文案而言，使用说明文案就显得更加多种多样，其写作格式也不拘一格，不可一概而论。其涉及的产品领域也从虚拟到现实不定，但其整体上的目标是一致的，相关作用分析如下。

（1）引导使用群众的原因：多次测试设计、产品校对改善、安全实验证明。

（2）引导使用群众的作用：避免产品故障、避免额外损失、保证用户安全。

新品的使用说明文案往往根据产品属性的不同而难易不定。现在社会产品极大丰富，种类繁多的同时功能较为复杂，大众接触各种产品及其使用说明书的机会比较多，所以要想全面性地完成使用说明文案有一定的难度。

对文案写手而言，在进行文案创作之前，需要了解产品说明文案与使用说明文案的不同，以及相关的内容结构设计。从实际的内容出发，相关的创作重点分析如图 5-40 所示。

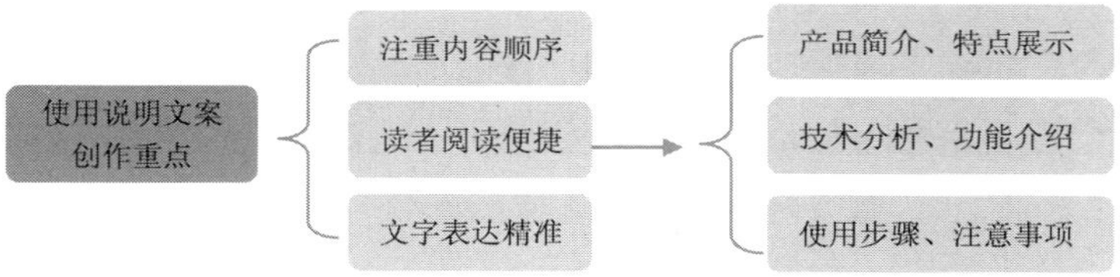

图 5-40　使用说明文案创作重点的相关分析

5.2.4　追求创新，打造卖点

在这个追求创新的时代，打造卖点甚至比抓住卖点更为重要，但从层次上而言打造卖点是以抓住卖点为前提的。

大众喜欢独特的东西，这种大众心理是文案写手必须要了解的，因为其在市场营销中也同样存在。如果产品相关的文案与大多数的产品一样，那么产品就不会受到关注，买的人就不会多，产品肯定也就卖不出好价钱。

打造卖点的成功企业有很多，尤其是在目前的市场环境中，其中不少产品已经逐渐由新品成长为品牌。如图 5-41 所示为主打高贵概念卖点，产品面向成功人士的王朝葡萄酒。

对于新品而言，打造卖点并不是一朝一夕的事情，需要从多个角度共同进行。即使产品有着独一无二的价值，也不能缺少文案的帮助。在实际的运作中，打造卖点相关的文案类型主要分为产品开发评价文案和产品创业策划文案。

图 5-41　主打高贵概念卖点的酒广告

1. 卖点打造一：产品开发评价

在一个完整的产品开发评价文案中，主要包括产品开发所需要经历的 8 个阶段的内容，如图 5-42 所示。

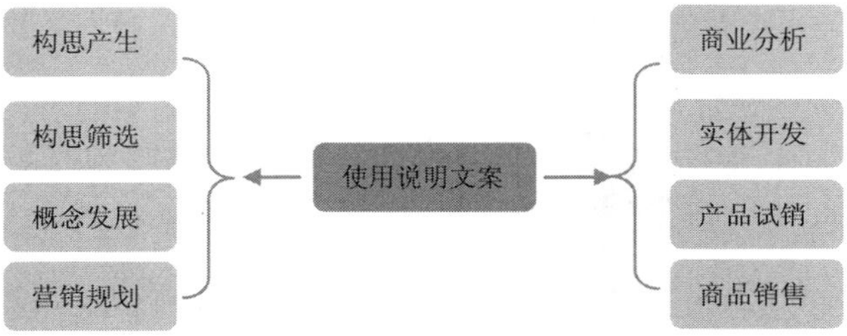

图 5-42　产品开发的阶段

产品开发评价文案往往在内容上要包含新品卖点的相关文案内容，比如需求说明、产品说明、服务说明和使用说明等。产品开发评价文案是新品文案中较为重要的部分，直接决定了产品后期的销售预期情况。

作为新品的产品开发评价文案，首先需要对新品进行定位。根据来源的不同，新产品至少可以分为两种，相关分析如图 5-43 所示。

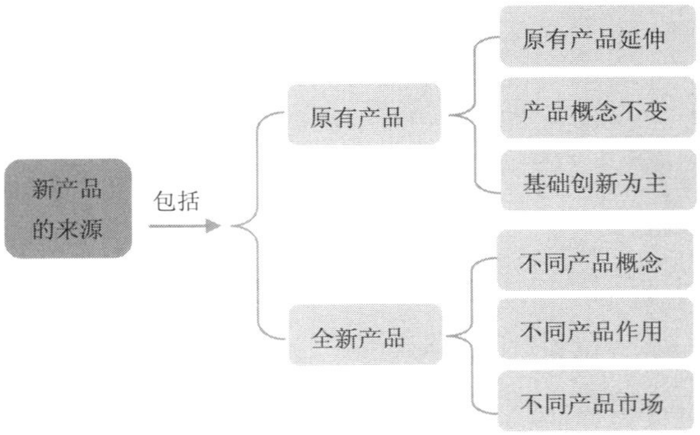

图 5-43　新产品的来源及相关分析

在目前的成熟企业中，根据原有产品进行创新而出现的新品较多，比如商家已经投放了普通的洗衣粉，接着又开发出了香味洗衣粉，这种新产品就是普通洗衣粉的延伸创新，同样拥有新产品概念。

在文案的具体创作重点上，产品开发评价部分主要集中于如下 5 个方面，也是文案内容的核心要点。

- 第一部分：产品背景。
- 第二部分：产品定位。
- 第三部分：性能预期。
- 第四部分：成本预算。
- 第五部分：开发安排。

2. 卖点打造二：产品创业策划

在主流的产品创业策划文案中，以大学生创业策划文案和市场型创业策划文案最为常见。两者存在一定的区别，尤其是针对新品上市的创业策划内容。大学生创业策划文案在内容上的要求较低，形式上较为自由，相关分析如图 5-44 所示。

与大学生创业策划文案相比，市场型创业策划文案更加严谨，同时要求更高，在内容的深度与广度上的表达也更加突出，是策划文案的中心内容。对于新品而言，能否在产品创业策划方面取得成就，直接关系到产品能否投入市场。

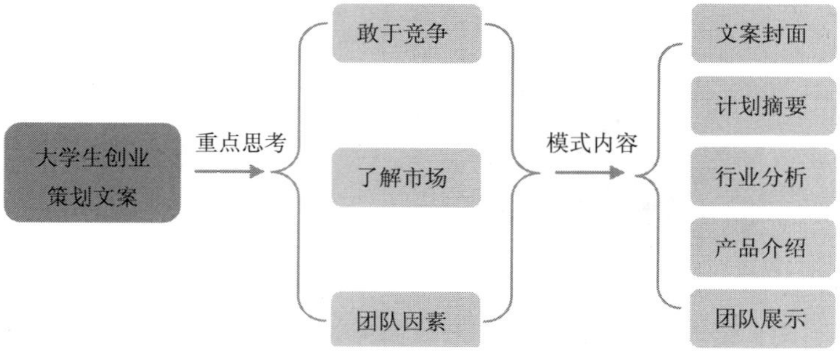

图 5-44　大学生创业策划文案的相关分析

5.2.5　分析高转化的文案类型

新品文案的目标只有两个，分别是抓住卖点和打造卖点，在前面的内容中已经进行了详细分析。在实际的应用中，根据目标、环境和团队的不同，在各类文案的重点分析上也有所不同。下面以完整的新品文案进行分析，了解新品文案的相关要求和重点展示，主要分为如下两种文案类型。

- 常规式：内容面面俱到，形式统一，逻辑清楚。
- 图文式：直接面向产品受众，形式简单，内容明了。

针对上述 2 种文案类型，下面一一进行介绍。

1. 常规式

在常规式新品创业文案中，内容与产品紧密相关，由产品出发，主要的文案内容包括产品与技术介绍、市场分析与把握、营销需求的计划、战略发展的计划和产品与资本风险。新产品的策划文案中，创作重点主要是以产品为中心，通过产品进行全面内容的把握。实际的内容主要包括产品设想、产品评价、产品测试、产品推广、产品市场和产品发展等几个方面，这些方面也是新品文案中重要内容的直接体现部分。

2. 图文式

图文式的新品文案主要针对产品的直接受众，而不是相关的渠道经营商或公司人员。从文案本身而言，大篇幅的文字是不可取的，一般情况下以图文结合的方式进行，配合中心内容的突出，往往能够具有常规式新品文案不能达到的效果。

如图 5-45 所示为某品牌的雨伞广告，以图文相结合的形式，文字“被你躲了一辈子，我很难过”以一种说话的口吻描述雨伞的功能，再配上幽默的动漫方式，让人不禁哑然失笑，这样的广告文案是成功的。

图 5-45　图文结合的广告文案

5.3　善用文案中的写作技巧

对受众群体而言，每一个广告文案的标题在视野内停留的时间往往只有短短的一秒钟，是否要查看内文取决于标题。那么，在忙碌而信息泛滥的现在，如何用几个字就吸引住潜在对象，让其相信文案的内容值得一读？这就需要善用技巧，打造标题并引导流量。

5.3.1　用标题营造效果

文案属于文字创意的工作，即使是文案标题创新，也必须要做到“语不惊人死不休”。所以做一个好文案很难，不仅需要具备广博的知识，而且要对文字有着精深的把握和运用能力。优秀的文案甚至能够成为网络段子，被无数人自主宣传，其中的典型口号如图 5-46 所示。

图 5-46　成为网络段子的广告文案

当该广告口号成为流行用语时，相关的差异创新型广告文案也随之而来。这也从另一个方面证明了通过范例进行创新的必要性，既保留了真实的文案内容，又借助了范例的影响力，达成宣传的目标。

5.3.2　以简洁突出主题

文案主题是整个文案的生命线，作为一名文案人员，其主要职责就是设计和突出主题。所以应该以内容为中心，花费时间和心思，确保主题的绝妙性，有一定的真实价值。整个文案的成功主要取决于文案主题的效果。

在任何一个文案中，中心往往是最为醒目的，也是文字较为简洁的，在广告类文案中甚至只有一句话。

如图 5-47 所示为某品牌的护肤品广告宣传文案，用“将爱美进行到底”这一句话将产品的核心理念凸显出来，直击消费者内心。

图 5-47　一句话式的广告类文案

5.3.3　以通俗易懂为核心

文字要通俗易懂，能够做到雅俗共赏，是对文案文字的基本要求。这也是在文案创作的逻辑处理过程中，策划人员必须了解的思维技巧之一。

从本质上而言，通俗易懂并不是要将文案中的内容省略掉，而是通过文字组合展示内容，如图 5-48 所示。

图 5-48　通俗易懂的文案文字

从通俗易懂的角度出发，文案策划人员追求的主要是文字所带来的实际效果，不追求文学知名度，对文字效果的要求即看重文字的优美性或者考虑是否适用于媒体和是否适用于市场以及是否适合于产品卖点。

5.3.4 明确内容，避免空泛

优秀的文案与产品结合，会产生令人无法想象到的效果。比如某位设计师为红旗轿车写的文案，只有一句话：从来没有一辆车，比它更适合检阅中国。由此可见，有格局的精准文案能够将产品本身的品质提升上去。对读者而言，广告文案应该是一种深层次的品位，而不是单调的代言词。

并不是每一个文案都能够成为有格局的文案，但好的文案一定是深度挖掘目标群体的需求，结合产品自身差异化特质所达到的完美契合，最终的表现效果是能引起受众共鸣。如图 5-49 所示为别墅与文案本身内容的契合。

图 5-49 别墅与文案本身内容的契合

5.3.5 用语要谨慎，规避专业术语

专业术语是指特定领域和行业中，对一些特定事物的统一称谓。在现实

生活中，专业术语十分常见，如在家电维修业中对集成电路称作 IC，添加编辑文件称作加编，大企业中称行政总裁为 CEO 等。

专业术语的实用性往往不一，但是从文案写作的技巧出发，往往需要将专业术语用更简洁的方式替代。专业术语的通用性比较强，但是文案中往往并不需要。相关的数据研究也显示专业术语并不适合给大众阅读，尤其是在快节奏化的生活中，节省阅读者时间和精力，提供良好的阅读体验才是至关重要的。

在文案中，偏见是比较少见的败笔，但是也需要时刻注意。文案写手需要避免使用带有偏见的词汇，尤其是被社会普遍视为带有偏见意味的词。常见的比如职业偏见，其中“农民工”“文秘”等词语被讨论的次数较多。

除此之外，还有性别类的偏见，为了避免这个问题，一般策划人员在文案中避免提及性别，少部分文案中可以同时对两种性别都提及。

5.3.6 去除复杂，做到精简

成功的文案往往表现统一，失败的文案则原因众多。在可避免的问题中，文字的多余、累赘是失败的主因，导致的结果包括问题模棱两可、文字说服力弱、内容毫无意义。解决多余文字问题最为直接的方法就是将其删除，这也是强调与突出关键字句最为直接的方法。如图 5-50 所示为某茶叶的广告文案，没有用复杂的形容词，只是用简短的一句话将喝茶后的体验进行描述。

图 5-50　突出强调关键字句

第六章

风险防范——保障活动的最大利益

每一场活动都无法确保零失误地进行，做到绝对的完美，因此活动策划者就要学会怎样在活动过程中对影响活动的未知因素采取应对措施，这就涉及我们常说的风险，只有将风险降到最小，才能让活动的经济效益最大化。本章就带大家一起学习活动中的风险防范。

本章主要内容包括：

➢ 什么是风险

➢ 什么是风险管理

➢ 大型活动中存在的风险

➢ 展览活动中存在的风险

6.1　什么是风险

风险，一般指导致目标与结果出现不一致的不确定因素。除此之外，它还有两种角度的分析，如图 6–1 所示。

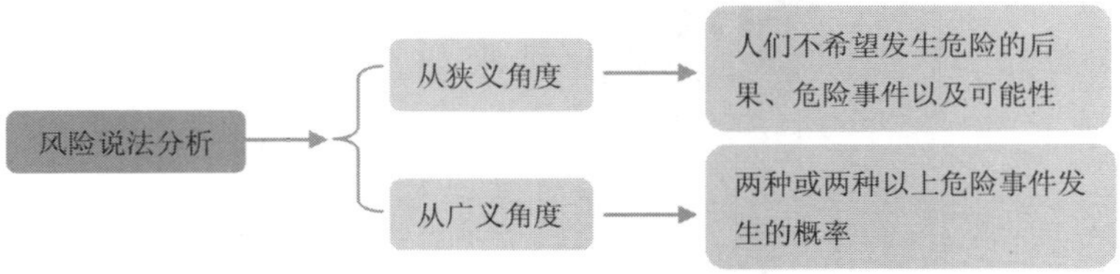

图 6–1　风险说法分析

也有其他说法，风险仅仅指某种情况下造成损失的不确定因素，具体分析如图 6–2 所示。

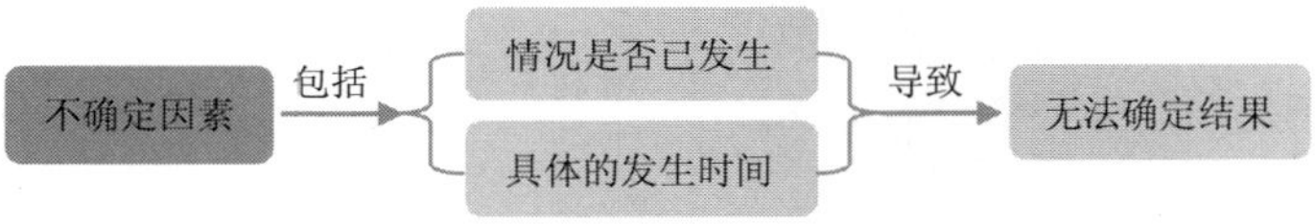

图 6–2　风险不确定因素分析

6.1.1　风险的由来

风险一词最早出现在远古时期，那时的渔民依靠打鱼为生，因为在海上打鱼是一件很危险的事，所以每次在出海之前他们都会向神灵祈祷保佑自己出海时海面风平浪静，同时希望可以满载而归。正是因为他们在捕鱼生活中的长期实践与积累，也慢慢意识到每次给他们带来无法预测和不能确定的危险的就是“风”，所以“风”也就代表“险”，“风险”一词就这样产生了。

如果说在远古时期风险仅仅代表遇到危险，那么就现在而言，可并不是这么简单，其中还包括危险、损失的概率以及遭受破坏的原因。

随着时代的变迁，人们的生活渐渐从单一变得复杂起来，很多事情也从开始的简单逐步向深化方面递增，因此风险一词被学术界赋予更深刻的含义，而且与人们对待事物的行为及后果也联系在一起，在生活中的运用越来越广泛，比较常见的有风险投资公司、证券公司、风险管理平台等，这些都是和风险有直接联系的，需要记住的一点是，在任何投资活动中都要学会规避风险，才能保证利益的最大化。

6.1.2 构成风险的三大要素

风险的构成包括风险因素、风险事故和损失。这三者之间是相互联系的，属于递进关系，风险因素的发生会引起或增加风险事故，从而造成损失。下面就对这三者进行相关分析。

1. 风险因素

风险因素一般指造成风险发生或导致活动结果失败的原因。风险因素的特性是潜藏性，通常情况下不容易被发觉，比如一场车祸的发生，其风险因素就有驾驶人对车的操作能力、路面的突发状况（突如其来的车辆）和车上其他人员是否对驾驶人产生干扰等，这些因素都是无法提前预知的，而且根据针对的对象不同，风险因素的性质也是不一样的。从这一方面出发，则可将风险因素分为有形风险因素和无形风险因素两种类型。

（1）有形风险因素：一般指看得见的或者知道其存在的一种风险因素，但是在特定范围或时期内却又无法采取有效措施，例如天气、气候、身体状况等。

（2）无形风险因素：无形风险因素有些抽象化，但一般主要和人有着直接关系，通常包括道德风险因素和心理风险因素两种，具体分析如图 6-3 所示。

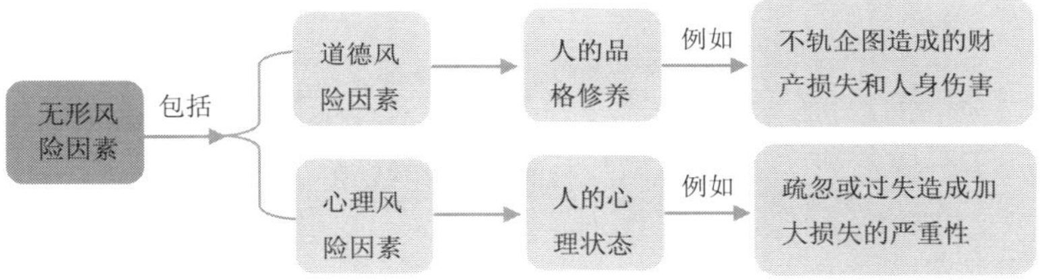

图 6-3　无形风险因素分析

2. 风险事故

风险事故是导致损失的原因，一般指偶然情况下造成伤害发生或财产损失的事件，而风险因素与风险事故的区别在于，风险因素不是直接就造成损失的，而是通过一些外部条件间接导致的。例如，下雨天电闪雷鸣，被雷电劈中的树木倾倒，树木压伤人，这里雷电便是风险因素，而如果雷电直接劈伤人，那么雷电就属于风险事故。因此风险事故就是造成伤害或损失的直接原因。

3. 损失

损失，一般指某些情况下无意对经济价值造成了减少，通常分为两种形态，如图 6-4 所示。

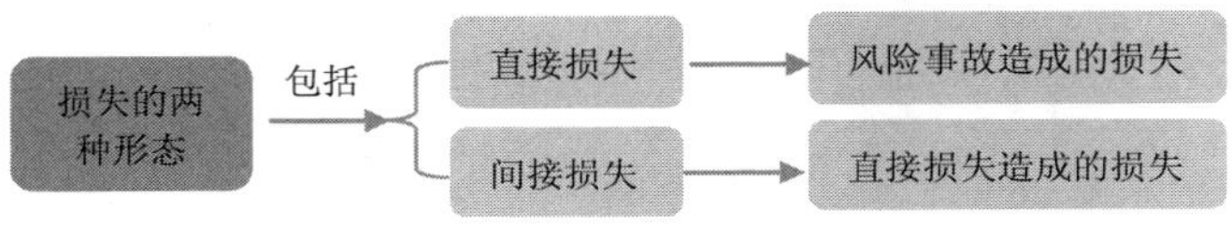

图 6-4　损失的两种形态

6.1.3　风险所具备的特殊性质

风险是指未来危险发生的不确定因素，除此之外，它还具备一些特殊性质，如图 6-5 所示。

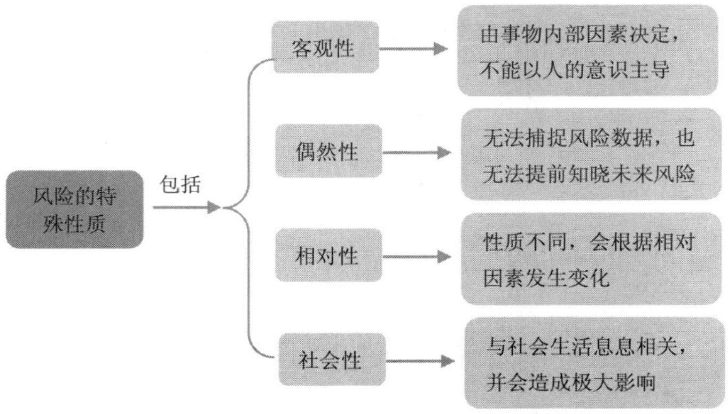

图 6-5　风险的特殊性质

6.2 什么是风险管理

对于企业来说，想要经济效益达到最大化，就需要将风险降到最小，而风险管理就是帮助企业在一个有风险的环境中将造成的损失和不良影响降至最低的一个过程。因此，风险管理对企业来说有着三大重要意义，分别是帮助企业实现活动经营目标、帮助企业作出准确的决策以及帮助企业保护企业资产安全和完整。

6.2.1 满足风险管理的具体要求

风险管理属于一项管理活动，既然是管理活动，就必须明确目标，才会有作用。否则没有目标的风险管理只是一个空壳子罢了，对其效果也无法进行评价。

风险管理的目标就是用最低的成本得到最大的安全保障措施。所以，它包含的内容比较广泛，除了风险识别、风险评估和风险处理，还涉及其他方面如技术、财务、安全等。一般而言，确定风险管理目标有以下几点要求需要满足，如图 6-6 所示。

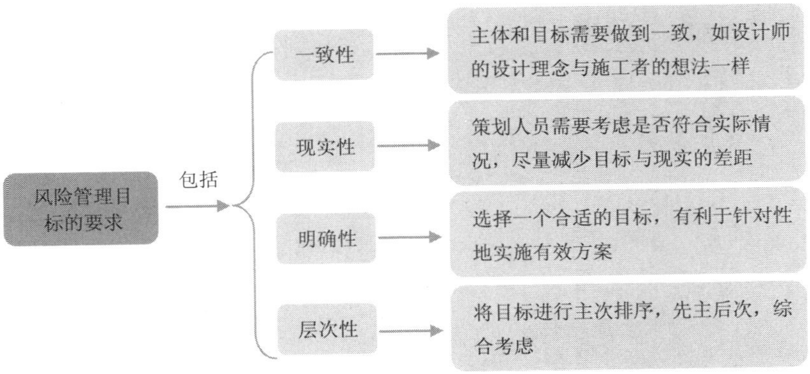

图 6-6　风险管理目标的要求

从另一方面进行分析，风险管理的具体目标和风险事件是有所联系的，可以分为损前目标和损后目标两种。下面对这两种目标进行具体分析。

（1）损前目标：顾名思义，就是指在损失之前定一个目标分析，其中还可以分为多个方面，如图 6-7 所示。

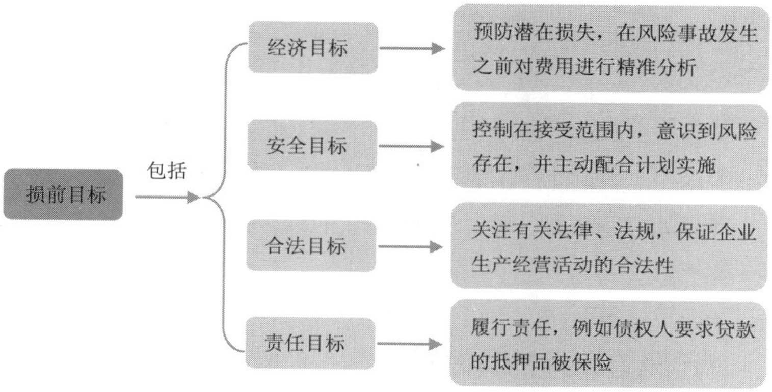

图 6-7　损前目标的分析

（2）损后目标：是指在发生了风险事件之后造成的损失，其具体分析如图 6-8 所示。

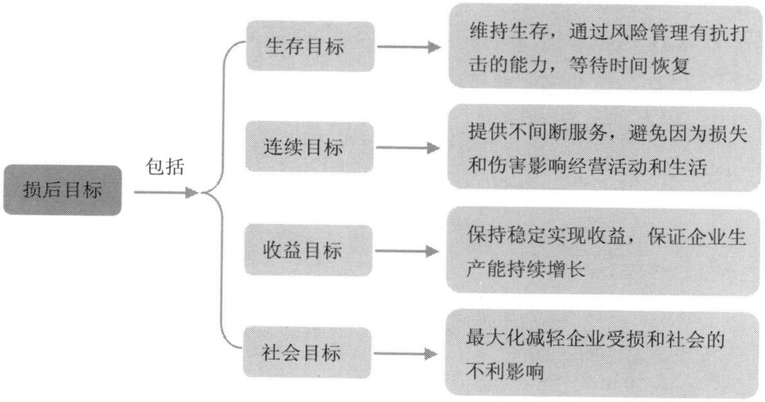

图 6-8　损后目标的分析

6.2.2　处理风险的常见方法

在明确风险管理的目标后，就需要针对目标来处理风险，常见的风险管理方法有 3 种，具体分析如下。

（1）预防风险：尽可能减少风险发生的可能，或采取有效措施预防风险的发生。如图 6-9 所示，为了防止水灾的到来导致稻田被大水冲毁，工人提前将防洪堤加高，从而减少因水灾而产生的损失。

图 6-9　减少风险采取的有效措施

（2）避免风险：这种方法尚且存在弊端，非特殊情况不建议采用，一般指躲避风险，用另一种方式代替，但并不能排除另一种方式可能会存在其他风险。比如飞机失事的事故可能会发生，为了避免该事故发生就选择乘坐高铁或火车来代替，却忘了在陆地上可能也有其他事故发生的风险。

（3）自保风险：从字面上理解就是自己承担风险，就像人们生活中的买保险，当意外或事故发生时，本身承担不起，就可以用它来进行补偿。

6.3　大型活动中存在的风险

一场活动即使策划得再完美，在组织过程中也避免不了突发状况的发生，如果处理得不得当，就会造成意想不到的后果。

因此在策划活动时，就要学会防患于未然，识别过程中可能存在的风险，从而采取相应的措施。下面就来了解活动过程中可能存在的风险。

6.3.1 了解风险管理的现状

与普通活动相比，大型活动中存在的风险比较大，因为在举办大型活动时，不仅规模大、参与者众多，而且器械类设施用具也比较多，这些都可能会导致危险意外发生。从远古时代到现在，各种各样的大型活动层出不穷，而举办大型活动一般是为了纪念一些重要的日子或庆祝一些比较重要的事件，如我国古代的天子祭天活动、西方的复活节和古希腊的酒神节等，如图 6-10 所示。

图 6-10　天子祭天活动

自进入新世纪以来，人们的社会生活开始变得丰富多彩，大型活动也开始受到各大企业的重视，企业纷纷利用大型活动进行展销和招商。如果将大型活动运作得好，那么在经济、文化、社会等方面都会有意想不到的效果产生，还能收获不错的经济效益与社会效益。但凡事都有两面性，万一运作不当，就会产生与企业活动目的相背离的后果。就目前而言，我国在大型活动的风险把控方面还是相对处于弱势的，风险管理是理论和实践结合在一起的，但我们还处于经验为主缺乏理论指导的状态，并且在活动过程中运用得较少，在思想和技术上也处于落后阶段，和其他发达国家相比还存在一定的差距，具体分析如图 6-11 所示。

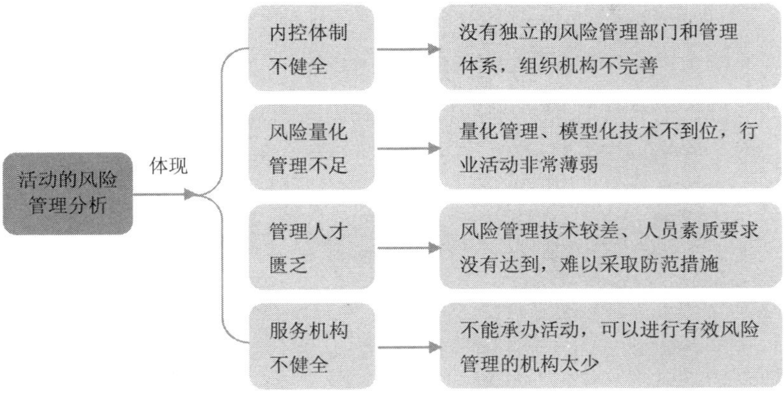

图 6-11　活动的风险管理分析

6.3.2　识别活动中存在的风险

风险识别是对风险进行识别，一般包括确定风险的来源、产生风险的条件以及描述其风险特征和确定影响活动的可能因素。常见的风险识别有以下 4 种方法。

（1）专家建议法：通过专家的经验和判断求出风险的预测数据。

（2）流程图分析法：将活动要实施的项目全部罗列出来，再建立一个流程图进行分析，如图 6-12 所示。

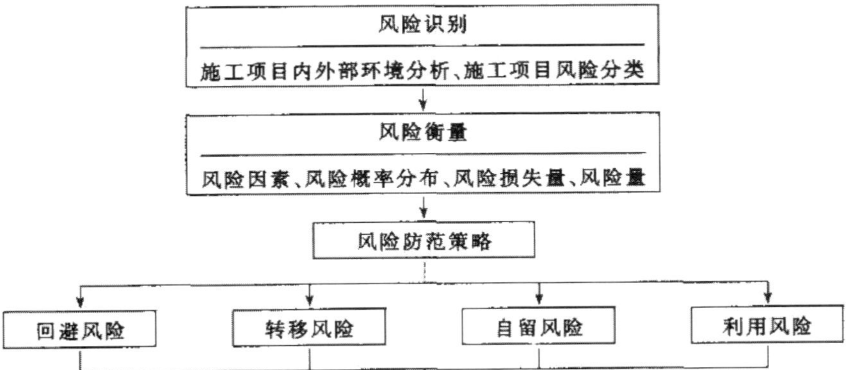

图 6-12　风险识别中的流程图分析法

（3）现场视察法：是风险识别中比较好用的一种方法，负责人通过到现场直观地感受与操作，还能发现一些除技术分析所不能测到的风险，如图 6-13 所示，科技人员现场检查锅炉项目方案的设备设施，以识别工程中存在的更细致的潜在风险。

图 6-13　现场视察法

（4）环境分析法：包括对活动中的所有人员，如活动演出者、活动参与者，还有其竞争者和政府管理人员进行分析。这些人员是重点分析考虑的对象，需要分析其彼此之间的特征及稳定性。

6.3.3　应对风险的有效措施

对活动进行风险识别后，就要对活动中存在的风险采取有效措施。下面就以大型活动为例对风险处理的一些方法进行详细介绍。

1. 应对人群风险

古往今来，大型活动的形式层出不穷，其风险性也是最高的，如图 6-14 所示，某演唱会中发生的踩踏事件，造成多人受伤。活动的休闲性质会降低参与者对人身安全和财产的警惕性。

图 6-14　演唱会中发生的踩踏事件

因此对人群聚集的风险预防对大型活动来说至关重要，可以采取以下几种具体措施。

（1）凭票入场：门票是一种对人群管理风险预防的很好的措施，它具有如下 4 个优点。

- 具备入场资格：持有门票者才有资格入场，说明参与者已经支付过费用了。
- 具备控制功能：活动中的门票都是统计好的，因此也能很清楚地知道活动的人数，确保人数在可接受范围内。
- 方便对号入座：门票可设置好对应的座位号，参与者根据门票上的座位号能快速找到自己的座位，避免盲目寻找、随意滞留而引起现场拥挤，如图 6-15 所示。
- 满足特殊需要：提前预售票，如有需要坐在一起的参与者或想离通道近一点，则可以自己选择位置。

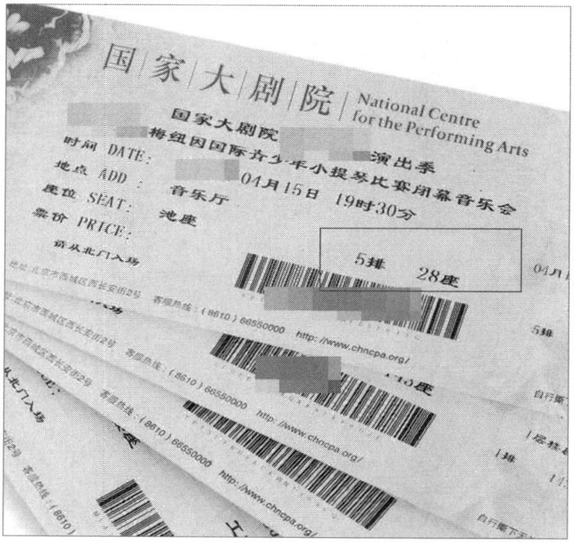

图 6-15　门票上的座位号

（2）设置保安：随时探查活动中是否有事故发生，防止现场失序，如图 6-16 所示，因为安保人员对现场秩序的把控，活动才得以井然有序地进行。

图 6-16　安保人员维持现场秩序

（3）设置护栏或路障：隔离人群，有效控制因拥挤而造成人员伤亡事故，如图 6-17 所示。

图 6-17　设置护栏

（4）紧急疏散：万一活动中出现突发情况，紧急疏散人群就是首要任务。首先得明确疏散方式和路线，再以此制订相应的方案，方案中必须包括人群范围、疏散的目的地以及疏散路线等，保证此过程是有秩序的，不是在慌乱中进行的，确保将风险降至最低。

2. 应对合作风险

大型活动中除了参与者，还有一些合作者，例如保洁公司、赞助商、安保公司等，要与合作者保持良好的关系，这样才能确保在活动过程他们提供最大的帮助和高质量的服务。

6.4　展览活动中存在的风险

展览活动也是大型活动中的一种。而大型活动一般筹备的时间比较长，最短的可能是一两年，最长的甚至有 10 年以上，比如世博会、奥运会等。由于时间太长，所以一些不可控因素可能会对筹备产生极大的影响。因此风险管理就是提前针对一些可控的危机事件进行预防，规避损失，保障活动最大限度地按期举行。

6.4.1 分析展览活动中的风险管理

想要针对展览活动进行风险管理，首先得对活动本身的风险管理现状进行分析。如图 6-18 所示为展览活动风险管理现状分析。

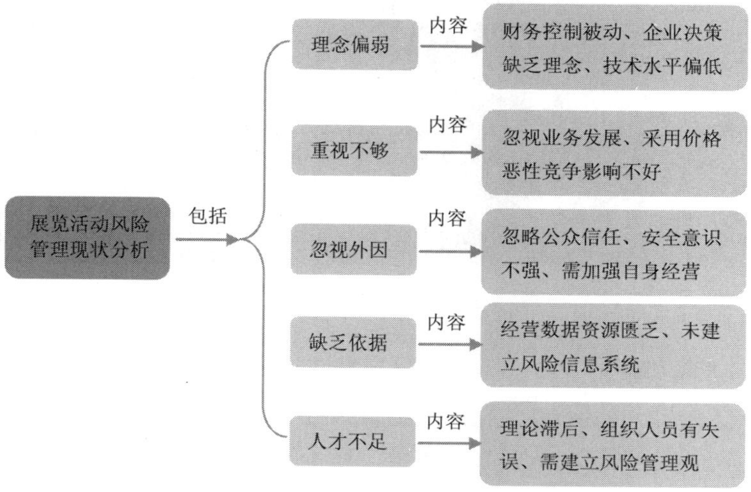

图 6-18　展览活动风险管理现状分析

6.4.2 风险管理中的具体内容

展览风险管理的内容很丰富，包括风险规划、风险识别、风险估计、风险评价、风险应对和风险监控等。下面对其中的风险规划、风险评价、风险应对和风险监控 4 个方面来进行详细讲解。

1. 展览活动的风险规划

规划，一般指一整套计划。而展览活动的风险规划就是其中对风险管理的一些计划以及如何采取具体的实践操作方法，主要内容如图 6-19 所示。

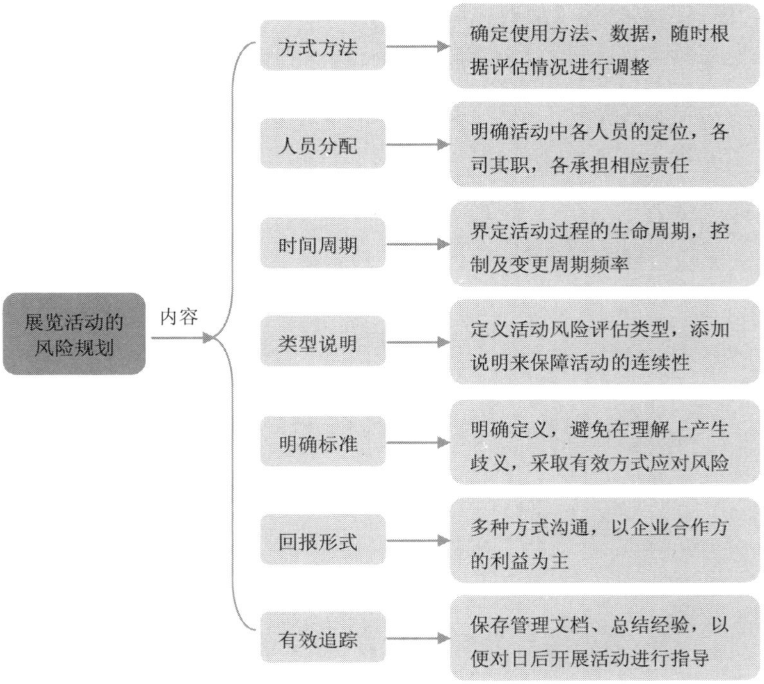

图 6–19　展览活动的风险规划内容

2. 展览活动的风险评价

展览活动的风险评价是指在展览风险规划、识别和估计这三者的基础上建立的一个模型系统，因而可以更便捷地找出活动可能会发生的风险事件，进一步判断出整个活动的风险水平如何，最后根据科学依据保障活动得以顺利进行。其中风险评价的依据包括 4 个方面，如图 6–20 所示。

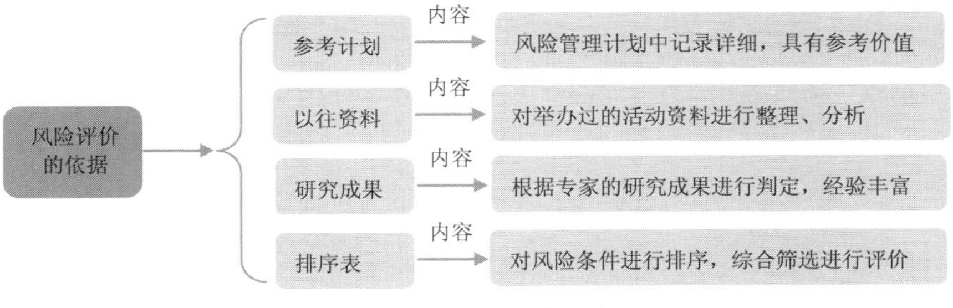

图 6–20　风险评价的 4 个方面

3. 展览活动的风险应对

一般来说，展览活动的风险应对就是对快要开展的活动马上要面临的风险提出应对措施和解决办法。可以根据 3 个方面来采取相应措施，分别是风险的后果大小、发生风险的概率以及改变其产生的后果性质。对于风险管理来说，最关键的一点就是怎样预防风险的发生，其中最佳的防范措施就是制定好有关风险管理的预备方案，有 4 个原则需要遵循，如图 6-21 所示。

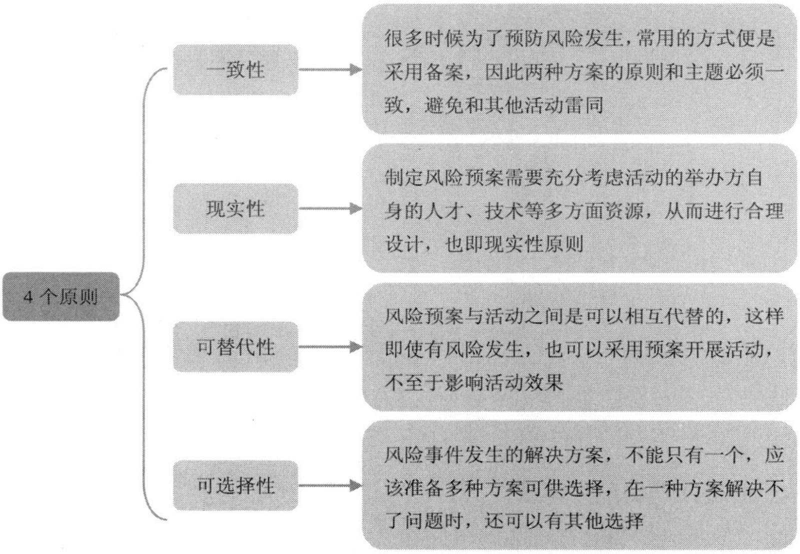

图 6-21　制定风险管理预备方案需要遵循的 4 个原则

4. 展览活动的风险监控

监控，就是监视和把控的意思。在活动中的风险监控就是为了可以及时发现活动过程中出现的问题、判断出它会对活动造成的影响，并且及时采取应对措施，所以风险监控在活动中有着非常大的作用。

第七章

营销管理——扩大影响力吸引关注度

活动营销是活动开展的要素之一，企业通过活动营销可以给活动创造经济效益，还能帮助企业扩大影响力和吸引关注度。本章就从活动营销来进行相关学习，希望通过此次学习能对活动策划者有所帮助。

本章主要内容包括：

➢ 活动营销的基本定义

➢ 制订活动营销的计划

➢ 掌握活动营销的方式

➢ 划分活动营销的类型

7.1 活动营销的基本定义

活动营销一般指企业为了提高知名度和美誉度、扩大影响力，通过策划活动而促进产品销售的一种营销方式。也可以说，以活动为中心开展且达到企业目的的方式就是活动营销。活动营销对活动策划者来说，是活动开展的重要因素之一，如果想要在活动市场的竞争中获得丰厚的利润，就必须先解决市场营销中可能发生的各种问题，因此，我们可以通过市场营销来确定活动营销策划。

7.1.1 回顾市场营销的理念

在现代市场营销中，主要是将“以顾客为中心”作为核心理念。这种营销观念是由后人总结提出的，后来慢慢经过演变也有了一个过程的形成，如图 7–1 所示。

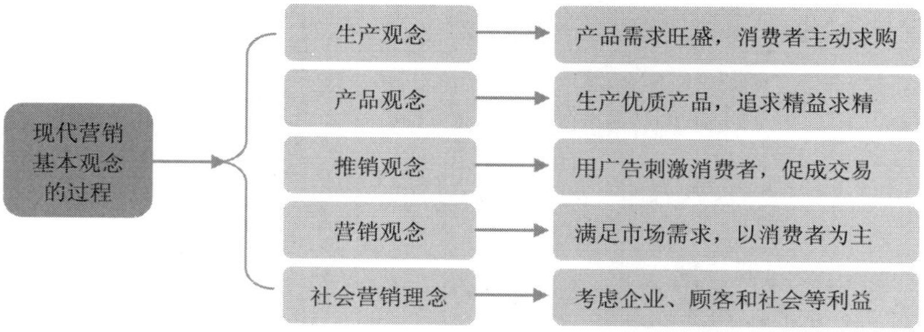

图 7–1　现代营销基本观念的过程分析

对于企业而言，营销活动不仅需要满足消费者的需求和获取利润，还需要从地球资源的角度出发保护好环境，而且要保证健康和谐的社会环境得以继续维持。

在活动营销中，这些理念是可以通用的，比如产品观念，对活动营销来说，同样需要生产出优质产品，并且追求精益求精，带给消费者更好的体验。在营销方面，活动中的营销方式层出不穷，活动策划者在营销上还需要有更高的追求，比如在此基础上进行创新，将“以顾客为中心”转化成“从顾客角度出发设计产品”，或者其他新的营销理念，如绿色营销、体验营销等。

7.1.2 分析市场营销学概念

在市场营销学中还包括“人的需要”和“4P 组合”这两个基本概念。下面进行具体的相关了解。

1. 人的需要

需求、需要和欲望在根本上还是存在区别的，这三者看起来相似却又不一样，具体分析如图 7-2 所示。

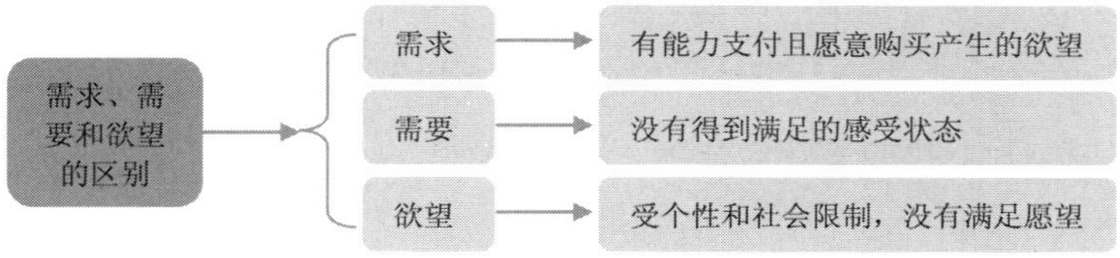

图 7-2　需求、需要和欲望的区别分析

2. 4P 组合

营销组合，通俗地讲就是营销手段，是企业用来达到目标的运用工具，其中包括产品、促销、价格和地点 4 个方面。下面就根据这 4 个方面来进行详细介绍。

（1）产品：现在市场上各种各样的竞争十分激烈。要想在市场中获得成功，必须掌握的一个关键点就是产品的专业知识。销售工作人员只有掌握好产品专业知识，才能在客户咨询时作出详细而又精准的解答，用专业说服客户，帮助客户更深刻地了解产品、理解产品。同时还可以将产品和活动主题直接扯上联系，让顾客留下深刻印象，如图 7-3 所示。

图 7-3　某品牌笔记本电脑发布会活动

（2）促销：在产品的基础上制订促销计划，在计划中将产品最好的一面呈现给顾客，让顾客更好地认识产品、发现产品的优点。所以促销也是活动中的催化剂，不少的企业和品牌都会借助多种渠道来完成促销，比如广告横幅、杂志报刊等，如图 7-4 所示。

图 7-4　杂志上的产品宣传

（3）价格：在营销活动中，很多商家都会利用价格来吸引顾客，而在确定价格方面一般取决于两个因素：一个是经营成本，另一个是竞争对手。因此在营销活动中，常用的价格战略有优惠券、降低价格等，如图 7-5 所示。

图 7-5　优惠券

（4）地点：在营销活动中，地点的选择也很重要，同时决定着怎样选择营销渠道，活动策划者需要通过确定活动地点选择营销手段来推进活动，比如线下活动需要考虑活动场地、交通状况、天气、气候等因素，而线上活动则不需要考虑这些因素。

7.2　制订活动营销的计划

活动的开展需要制订活动策划书，而活动的营销也需要制订详细的计划，制订计划的基础是建立在确定好活动类型及方式之上的。下面就带大家从活动环境、市场分析和营销目标 3 个方面学习如何做好活动营销计划。

7.2.1　选择目标市场的技巧

在前面的章节中，已经讲解了关于活动市场的调研情况及市场细分，但是由于活动策划者对活动的目标设定不一样，所以选择方式也是不一样的。因此为了更好地制订活动营销计划，对选择目标市场应进行更深入的了解。

1. 无差异性

无差异性即可以不考虑市场中存在的差异性，活动策划中只需考虑大部分人的需求即可，不需要满足其他大众的不同需求。此类营销技巧的目的就是快速地在人们心中留下深刻的品牌印象。这种营销方式在活动中运用得比较多。无差异营销的优劣势分析，可供活动策划者参考，如图 7–6 所示。

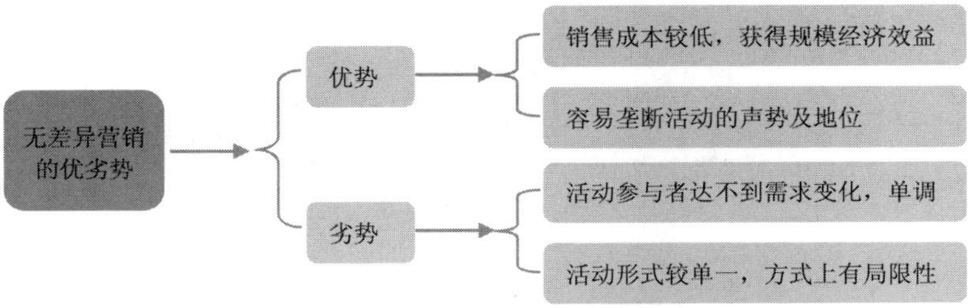

图 7–6　无差异营销的优劣势分析

2. 利用差异性

差异营销刚好与无差异营销相反，活动策划者可以针对目标市场设计好相应的营销方案，根据活动市场的差异性来增加销售量。而差异营销的优点在于可以灵活转变类型和树立活动品牌形象；缺点在于目标市场数量多，不便于管理，宣传费用也会增加。

3. 召集性

召集是指把所有力量集中在一起，对消费者要求的特殊服务更好地满足，召集性营销的优劣势分析如图 7–7 所示。

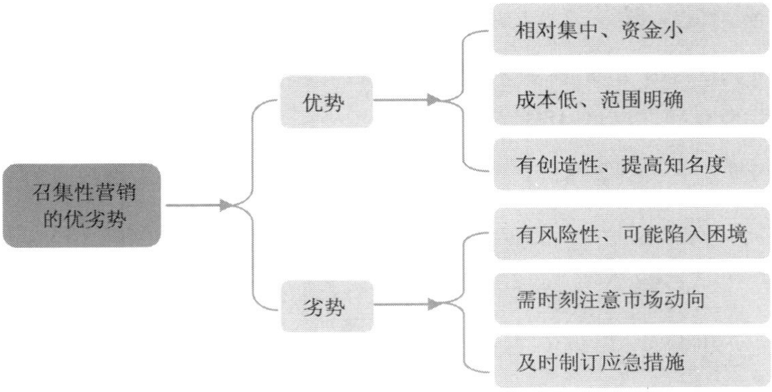

图 7-7　召集性营销的优劣势分析

7.2.2　市场营销的具体计划

选择了目标市场之后，就可以根据前面讲过的技巧制订市场营销计划，那么应该怎样制订计划呢？以下是几个需要注意的方面。

1. 确定营销组合

所谓活动，从根本而言，是具有服务性质的，因此也可以说服务营销组合是完全相互贯通的，而服务营销包括客户的概况、忠诚度等，相关分析如下。

（1）客户的概况：从这方面分析就是对客户关系的处理，很多营销活动的目的是保留客户，其方式可分为以下 3 种，如图 7-8 所示。

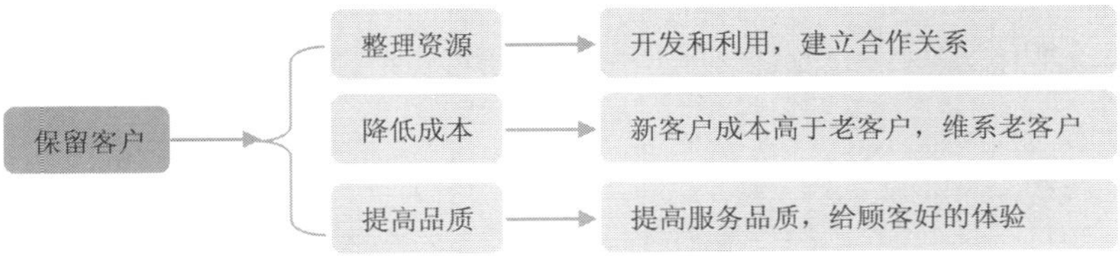

图 7-8　保留客户的 3 种方式

（2）忠诚度：指商家与顾客建立起信任，顾客充分相信商家。忠诚度在营销活动中的最大作用就是可以对企业形成好的效应，比如顾客之间的相互推荐，这样就能提高盈利。

2. 创意是关键

在营销活动中，创意是其中的一个关键点，它能将企业的自身优势通过一种新颖的方式在竞争中脱颖而出。如图 7–9 所示为某珠宝店以圣诞节为契机开展的营销活动，新颖的“雪地淘珠”方式给活动增添了不少人气。

图 7–9　有创意的营销活动

3. 执行计划

每一份计划制订之后都需要落实，至于怎样落实到具体的人员以及部门，需要活动组织者根据实际情况和计划要求进行合理安排，每一个工作人员在活动进行前必须非常明确自身的职责。除此之外，还需要安排一个活动现场把控人员，确保可以掌控现场情况，保证活动的实施过程得到严格控制，达到活动的目标。在实施计划时，组织活动有 4 个标准需要达到，如图 7–10 所示。

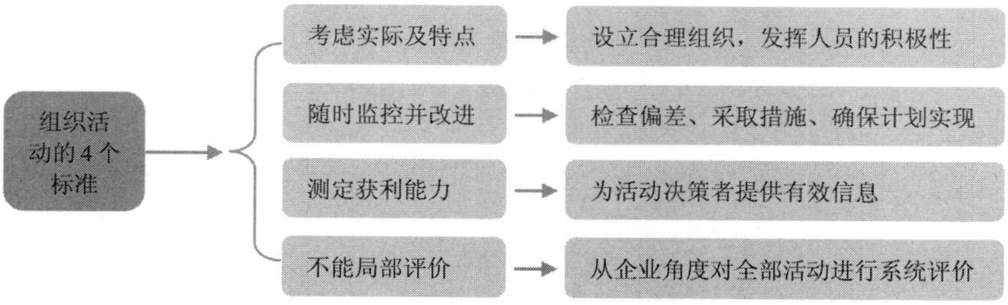

图 7–10　组织活动的 4 个标准

7.3　掌握活动营销的方式

从活动营销的意义来说，活动营销的目的就是吸引关注度、提升品牌的影响力和增加消费者的忠诚度，因此也可以根据这 3 点对活动营销进行选择。下面进行详细了解。

7.3.1　以活动形象进行定位

在活动进行之前，可以先对活动进行相关定位，定位的目的是在消费者心里占据一个独特的位置，以下是对活动形象进行定位的几个具体表现。

（1）获得较好的发展趋势：活动通过宣传品牌形象、扩大影响力，从而引起大众的兴趣，获得大众喜爱，树立良好形象。如图 7-11 所示为某品牌以关爱自然发起的顾客关爱活动。

图 7-11　某品牌以关爱自然发起的顾客关爱活动

（2）让内部得到健康发展：在外树立好的形象对公司内部也有着重大作用，比如对员工可以起到监督作用，员工的工作质量也会因此得到提高，还可以增强团队的凝聚力。

（3）便于吸引人才：活动的形象宣传为吸引人才打下了坚实的基础，还能增加大众的好感度。

（4）提高知名度：对于活动来说，在形象宣传时就是以活动的自身优势为主，因此在某种程度上也为活动提高了知名度。

（5）实现差异营销：活动通过定位快速地在大众心中占据了一个有效位置，还可以因此奠定拉赞助的基础，如图 7-12 所示，并且与其他相似的活动区分，做到实现差异营销。

图 7-12　品牌赞助的马拉松活动

从活动定位的意义来说，抛开活动形象而言，还需要对活动进行其他有效定位，主要包括以下几种。

（1）根据特色定位：特色是每场活动的点睛之处，用特色来定位活动，可以吸引大众和赞助商，并且为他们带去利益，如图 7-13 所示。

图 7-13　元宵节的猜灯谜活动

（2）利用优势定位：利用优势定位的目的在于活动的宣传，让大众可以充分了解产品，并且产生信任，还能帮助其解除疑虑。

（3）运用功能定位：此类方法一般运用得比较少，对活动有特别突出的功能时才能加以运用。

（4）运用理念定位：理念通常是企业和品牌的一个核心价值观，大多直接体现在活动主题中，这样定位的优点在于可以培养活动全体成员的共同的价值观，同时也能得到大众的理解与支持。

（5）运用逆向思维定位：逆向思维，通常就是我们所说的换一种思考方式，反着来也许会有新的看法，比如在节假日期间店铺都以色彩缤纷的装饰为主，以此来烘托节日气氛，但如果在整条街上有一家以简约风为主的店铺，那么它肯定能在所有店铺中脱颖而出。如图 7-14 所示为某 4S 店用涂鸦为活动做的宣传，一般搞活动是以体验为主，而此类涂鸦的方式可以大大吸引大众的好奇心。

图 7-14　逆向思维的活动宣传

（6）运用利益定位：将活动所带来的利益直接呈现出来，且以此作为活动内容。

7.3.2 用分销渠道有效转移

分销是销售渠道中的一种方式，主要是将产品通过多种渠道合理地转移，以下是关于分销策略的几种方式，如图 7–15 所示。

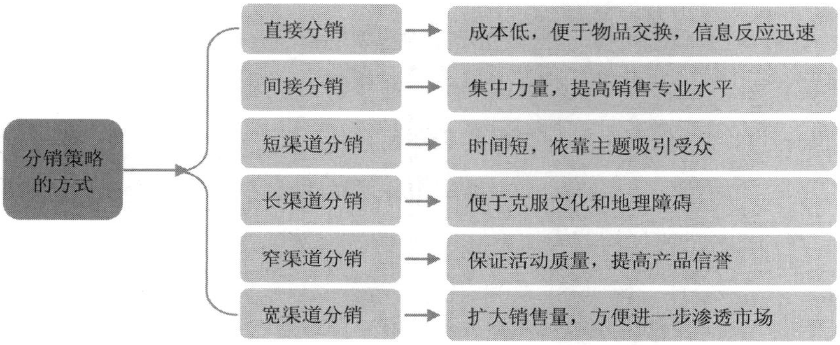

图 7–15　分销策略的方式分析

7.4 划分活动营销的类型

活动营销的目的是获得更大的利益，因此活动策划者在策划活动时可以以此为依据以不同的标准进行分类。

7.4.1 内部营销的核心理念

内部营销的观念起源于 20 世纪 80 年代初，活动除了有一个对外的市场，还有一个内部市场，而在此内部市场的主体就是企业的员工，这种想法也为发展提供了一种新的思路。在内部营销的理念是以培养出具备顾客意识的员工作为核心的，让员工都能了解活动中的各项内容以及提高对产品的熟悉度，这样才能在面对外部市场时，将内部营销与外部市场做到结合在一起，利于活动更好地开展。如图 7–16 所示为在活动开展前某公司的产品经理对工作人员进行相关培训。

图 7-16　产品经理对工作人员进行相关培训

7.4.2　供应商营销的相互合作

活动即使策划得再完美，在组织过程中也不可能提供所有的服务项目，所以通常在这种情况下，很多企业和品牌都会选择一些外包服务，即供应商营销。而这种服务的内容非常广泛，所涉及的供应商也是层出不穷，比如保安公司、酒店、交通运输公司等。另外，在进行活动策划时，为了扩大影响力，可以选择一些知名服务供应商加盟，如图 7-17 所示。

图 7-17　供应商合作加盟

7.4.3 媒体营销的传播影响

在现今社会，媒体是一种普遍的存在现象，很多企业和品牌也都会利用媒体来进行活动的宣传，毕竟媒体的特点有种类多、传播广和时效快等，所以媒体在活动中有着重大作用，运用媒体提升活动的影响力也不失为一个好的选择，如图 7–18 所示。

图 7–18　运用媒体提升活动的影响力

7.4.4 政府营销的支持作用

如果活动能得到政府的支持则是再好不过的，毕竟政府的支持可以对活动起到推动作用，还能带动经济发展，并且能吸引其他的外部投资。

如图 7–19 所示为在上海举办的 F1 大赛，这也是政府营销最具代表性的活动，堪称商业运作的典范，因为 F1 的举办使一系列企业的资金链得到了快速增长，还迅速推动了其他行业的经济发展。

图 7–19　在上海举办的 F1 大赛

第八章

体育活动——带动社会经济促进发展

体育活动是众多活动中的一种，通常举办大型的体育活动都会给当地带来经济效益，从而促进其发展。而活动策划者在对此类活动进行策划时，常常会显得有些不知所措，通过本章的学习后，活动策划者再策划其体育活动时肯定会更加得心应手。

本章主要内容包括：

- 关于体育活动的定义
- 如何策划体育活动
- 马拉松竞赛活动策划书

8.1 关于体育活动的定义

体育一词最早提出是在日本，但它的内容却是在 17 ~ 18 世纪的西方国家才出现的，其中包括打猎、爬山、跳跃等多项活动，但在那时这些活动还没有具体名称，最多的体育运动项目是在古希腊时期产生的，体育对古希腊人有着深远的影响，他们也因此创立了奥林匹克运动会，如图 8-1 所示。

图 8-1　古希腊的奥林匹克运动会

随着时代的发展，体育活动从古代的奥运会到现今仍在不断地演变，其组织性和规则也在不断地得到完善。到目前为止，人们通常认为活动是有着一定目的性，并且是有着明确目标的一次任务，体育活动也不例外。下面就对体育活动进行相关了解。

8.1.1 掌握体育活动的特征

体育活动是以体育为中心进行的所有活动的总称，它的基本特征有如下 6 点。

1. 唯一性

活动的唯一性通常体现在参与者身上，因为活动举办方可能举办过这样的活动，但是他们还可以根据时机继续举办，对他们而言，机会比较多。可是对活动参与者来说，就不一样了。有些活动可能参与者一生只有一次参与机会，比如国际大赛奥运会或者其他重要的典礼等，那么参加此活动将成为参与者一生中最重要的时刻，对参与者来说有着非比寻常的特殊意义，因此在活动举办过程中，就必须保证取得圆满成功，毕竟机会难得，如图 8-2 所示。

图 8-2　情绪激动的参与者

2. 投资大

对于举办一场活动来说，肯定需要很多的财力、物力以及人力，这样算下来一场活动的成本可以说是巨大的，有时在活动过程中为了更好地达到活动目的，还会追加资金投入，最典型的代表莫过于奥运会。

3. 时间短

俗话说，“台上一分钟，台下十年功”。意思就是很多人为了可以展示出来的短短一分钟，却需要长时间不断地坚持和准备，很多活动也是如此。一场活动举办的时间可能只有短短几个小时，但是对活动举办方来说，可能需要提前好几个月甚至几年的时间来准备。

4. 风险性

一般而言，活动是具有风险性的。即使计划得万无一失的活动，也很难保证在活动中不出一点意外，而且活动中的不可控因素也是活动存在的风险，而如果出现安全事故，那么对活动的效果会有非常大的影响。

5. 利益性

举办活动的目的有很多种，如盈利、提升知名度等，但从活动的参与者的角度来说，涉及的范围比较广，因为不同的人会有不同的目的，所以活动的成败可以说直接关系着每一个人从中获得的利益。

6. 效益性

大型体育活动在生活中已经成为人们关注的普遍事件，因此在举办活动时也需要从多方面进行考虑，比如市场经济的竞争、大众的消费能力、政府的态度以及地理人文等。

8.1.2 体育活动有哪些特点

体育活动不单单是一场纯粹的竞赛运动，同时也是能带动当地经济的社会实践，比如世界杯、亚运会和奥运会等，如图 8-3 所示。当然这种类型的活动通常都是由政府机构举办的，政府举办的活动往往可以促进当地的经济发展，并且带来深远的影响力。

图 8-3　世界杯宣传图

除了上述大型的体育活动，还有一些非政府主持的体育活动。如图 8-4 所示为在街头举办的篮球比赛，活动是由一些篮球的兴趣爱好者自主发起的，活动的目的也仅仅是娱乐，非营利性。

图 8-4　街头的篮球赛

通过上述了解，我们可以知道体育的种类还是比较多的，因此也可以对体育活动的特点进行分类，如图 8-5 所示。

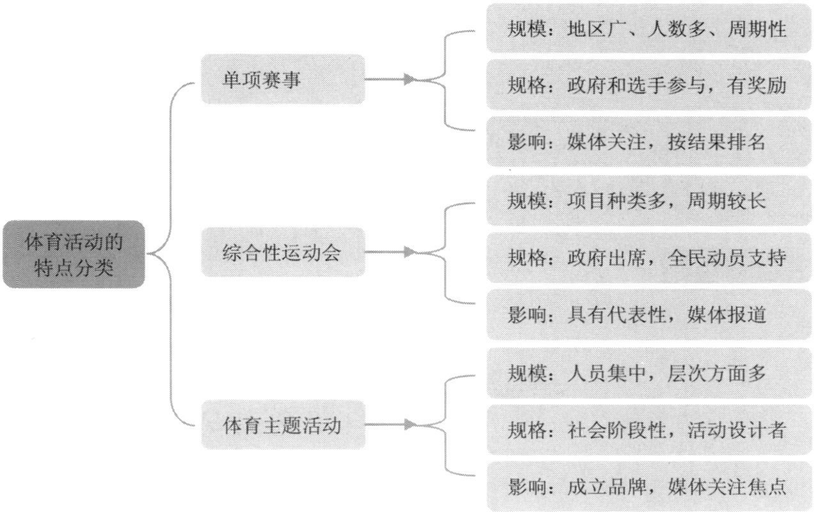

图 8-5　体育活动的特点分类

在所有活动中，体育活动的内容较为丰富，它与其他活动形式的内容不太一样，具体如图 8-6 所示。

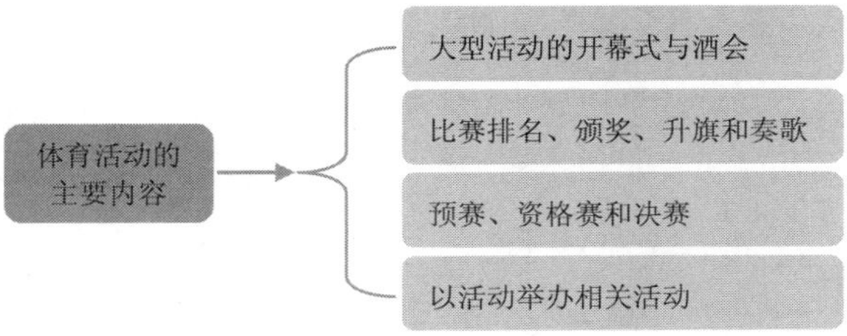

图 8-6　体育活动的主要内容

8.1.3　组建体育活动的架构

活动策划者在组织体育活动时，首先要对活动进行架构，才能更好地利于活动的开展，对活动的组织架构包括设置原则和架构分类两个步骤，相关的具体介绍如下。

1. 设置原则

在设置原则上，可以分为基本原则和特殊原则两种，如图 8-7 所示。

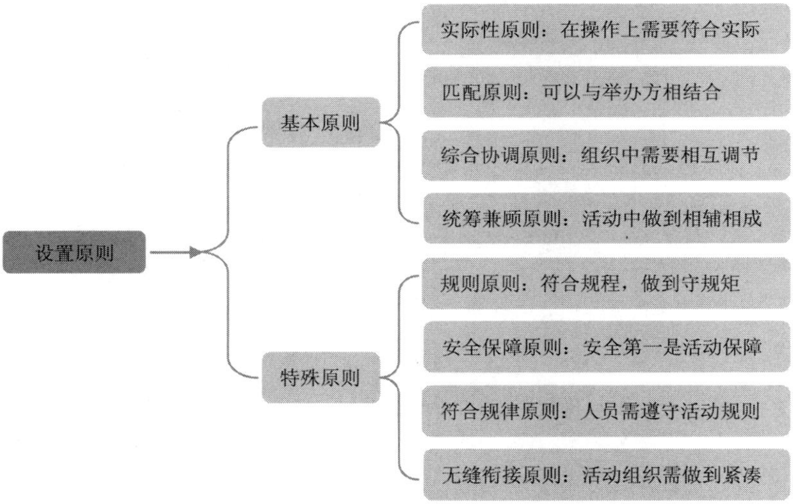

图 8-7　设置组织架构的原则

2. 架构分类

从组织架构上进行分类，可以分为以下 3 种，如图 8-8 所示。

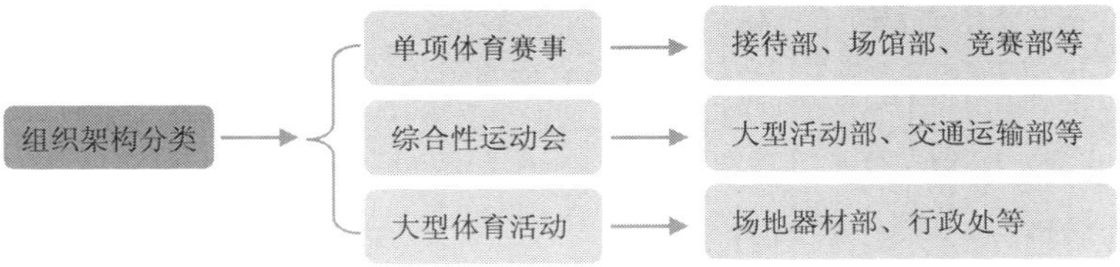

图 8-8　组织架构分类

8.2　如何策划体育活动

体育活动具有娱乐、强身健体、促进经济发展等功能，活动策划者在对体育活动进行策划时也需要考虑这些功能，那么活动策划者应该怎样做好体育活动策划呢？通过本节的学习肯定会让你更加清楚地了解。

8.2.1　分析体育活动的目的

随着社会经济的发展，人们的生活水平得到了提高，因此人们对体育的认知不只是强身健体方面，同时也希望能通过参与体育活动获得更多的精神方面的享受，比如观看体育比赛或在比赛现场加油呐喊，人们可以尽情地发泄自己的情感，如图 8-9 所示。

图 8-9　人们在观看体育比赛时激动呐喊

正是因为如此，不少企业会借此举办各种各样的体育活动来实现自身目标。那么策划体育活动的目的有哪些呢？答案如下：

- 整理和分析活动资源。
- 提高活动信誉度以及打造效应。
- 对社会经济发展进行规划。

在活动策划之前，同样需要先对整体策划进行定位，具体的定位包括 8 个方面，如图 8-10 所示。

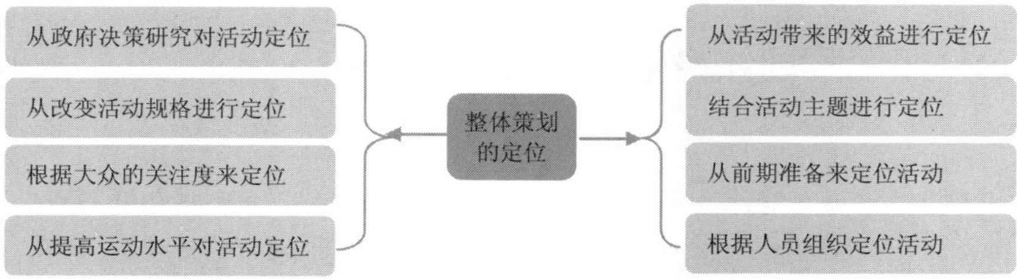

图 8-10　整体策划的定位

了解清楚整体策划的相关定位后，接下来就是对体育活动策划的主要内容进行相关了解，具体分析如图 8-11 所示。

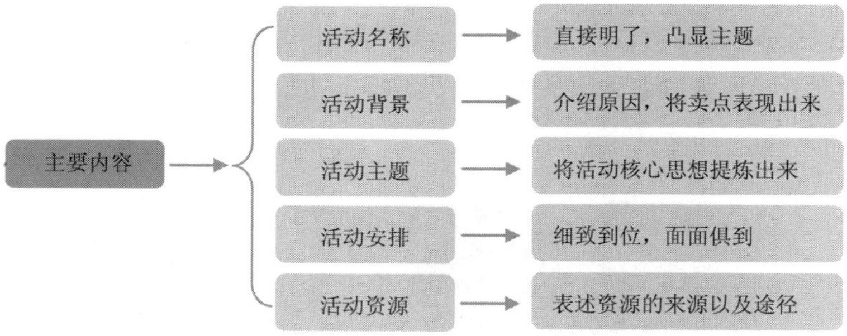

图 8-11　整体策划的主要内容

8.2.2　活动创意

创意在活动中一直有着非常重要的作用，活动举办能否成功，创意是其中的一个关键点。下面就来了解有关活动的创意理念。

1. 以往的经典创意

回顾以往成功的活动，我们可以发现那些采用经典的创意理念的活动更容易获得成功，成功的概率大，就意味着失败的可能性偏小。下面对以往的几种经典创意进行相关了解。

（1）主题狂欢：狂欢一词出现在活动中源于西方国家，西方国家举办的很多活动都喜欢用“狂欢”来命名，寓意一起开心，疯狂到底，比较常见的有万圣狂欢节、狂欢游行等，如图 8-12 所示。

图 8-12　西方的万圣狂欢节

（2）评奖理念：评奖对大多数人来说充满着吸引力，而且此类活动一般会邀请权威人士担任评委，活动中提供的奖品以及精美的展示舞台也给参与者提供了绝佳的展示自我的机会，因此评奖成为经典创意理念是理所当然的。如图 8-13 所示为奥斯卡奖活动颁奖现场。

图 8-13　奥斯卡奖活动颁奖现场

（3）慈善活动：慈善的本意就是助人为乐，以此核心为观念开展的活动也就称为慈善活动，主要以义卖或募捐为主要体现形式，如图 8–14 所示。

图 8–14　慈善活动

2. 建立创意的条件

创意从来都不是凭空产生的，那么它是怎样产生的呢？创意一般需要一个良好的环境状态才更容易产生，对企业来说，想要获得好的创意，就应该让员工解放天性，大胆想象，让他们释放自身潜力，这样有利于提高每个人的创意能力，从而为活动出谋划策。

3. 创意的产生过程

创意的产生一般有 4 个过程，具体分析如图 8–15 所示。

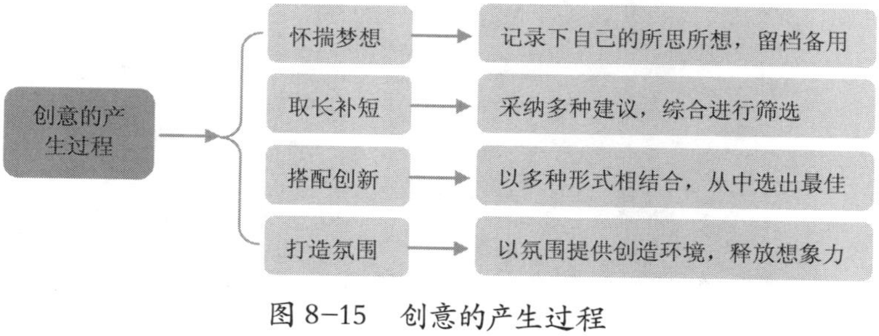

图 8–15　创意的产生过程

8.3 “马拉松竞赛活动策划书”

下面以体育活动中的马拉松比赛为例，拟定一份“马拉松竞赛活动策划书”。

1. 活动背景

马拉松是一项长跑比赛项目，它起源于古希腊，是为了纪念一个因传递信息而累死在马拉松的信使菲迪皮茨。从那以后马拉松就代表挑战自我、坚忍不拔、永不放弃的精神，因此马拉松也成为了全民运动中极受欢迎的一种运动方式。

2. 活动主题

城际马拉松赛事是将城市特色完美体现出来的最佳方式，还能展现其自身魅力，此次活动的主题为“发现城市美，跑步动起来”。

3. 活动目的

弘扬马拉松精神，让更多人了解这项运动，同时展现城市魅力。

4. 活动时间

比赛日期为2019年10月27日早上7点半。

5. 活动举办单位

城际马拉松比赛一般由中国田径协会、体育局和市政府联合举办，除此之外，通常还会有一些其他合作方冠名赞助，如图8–16所示。

图8–16 合作的赞助商

6. 比赛项目

马拉松一般分为全程马拉松（42.195公里）、半程马拉松（21.0975公里）和欢乐跑。

7. 参赛流程

（1）符合要求的相关人士都可参加，

不分国籍。

（2）需要符合年龄要求，即全程马拉松需 20 岁以上、半程马拉松 16 岁以上和欢乐跑 12 岁以上。

（3）报名方式：官方查询报名或关注微信公众号。

（4）报名时间：报名信息通常在比赛的前 3 个月发布，即 2019 年 7 月 25 日 ~ 8 月 10 日，另外需要等待信息审核及抽签公布结果。

（5）支付报名费：报名费是在结果出来之后开始支付，需注意参赛过程中参赛者中途退赛不予退费。

（6）公布参赛号码：抽签结果公布后的一个月为参赛号码公布时间，登录官网即可查询。

（7）竞赛物品：参赛选手根据官网公告时间领取竞赛物品，必须选手本人持有效证件亲自前往。

8. 竞赛方法

（1）安排起跑顺序：各项目方队间隔 20 米。

（2）发令：鸣枪开始起跑。

（3）关门时间：参赛选手需要在规定的时间内跑到下一地点，未完成的参赛者即代表失去比赛资格，退出赛道。如图 8-17 所示为比赛项目的关门时间表。

项目	距离	关门时间	具体时间
欢乐跑	终点（约 6 公里）	1 小时 30 分	09:00
半程马拉松	5 公里	1 小时	08:30
	10 公里	1 小时 45 分	09:15
	15 公里	2 小时 25 分	09:55
	20 公里	3 小时	10:30
	21.0975 公里	3 小时 15 分	10:45
马拉松	25 公里	3 小时 45 分	11:15
	30 公里	4 小时 30 分	12:00
	35 公里	5 小时 15 分	12:45
	40 公里	6 小时	13:30
	42.195 公里	6 小时 15 分	13:45

图 8-17　比赛项目的关门时间表

（4）设置能量补给站：大概每相隔 5 公里设置一个能量补给站，便于参赛选手随时补充能量，如图 8-18 所示。

图 8-18　马拉松比赛中的能量补给站

（5）计时方法：采用一次性计时芯片为参赛选手计时，计时芯片在比赛前发放给参赛选手。

（6）参赛服装：服装可以体现出城市文化以及特色，如图 8-19 所示。参赛选手可以在官网公布领取时间后，自行安排时间领取服装。

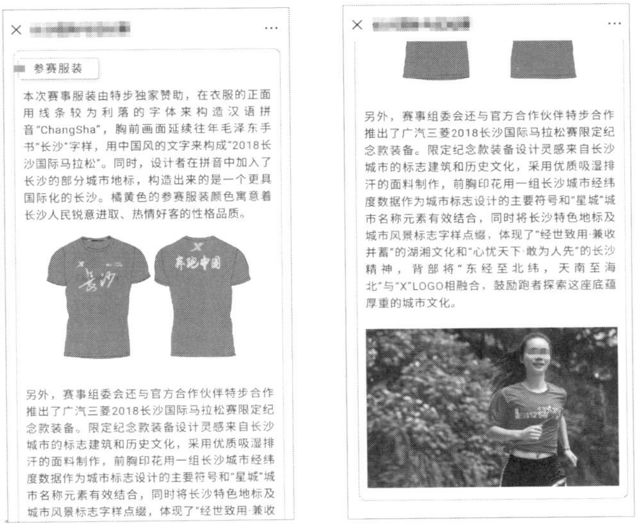

图 8-19　马拉松比赛的参赛服装

（7）存取物品：参赛选手在比赛过程中不能带私人物品，因此需要将个人物品放到指定地点存好，比赛结束可进行领取，如图 8-20 所示。

图 8-20　马拉松比赛的物品存放点

9. 名次及奖项

马拉松比赛的名次录取为成绩排名的前八名，第一名到第三名的奖项为奖杯一座、奖牌一枚以及奖金，其余名次不派发奖杯。另外，欢乐跑项目不设奖金，颁发完赛奖牌一枚。如图 8-21 所示为马拉松比赛的完赛奖牌。

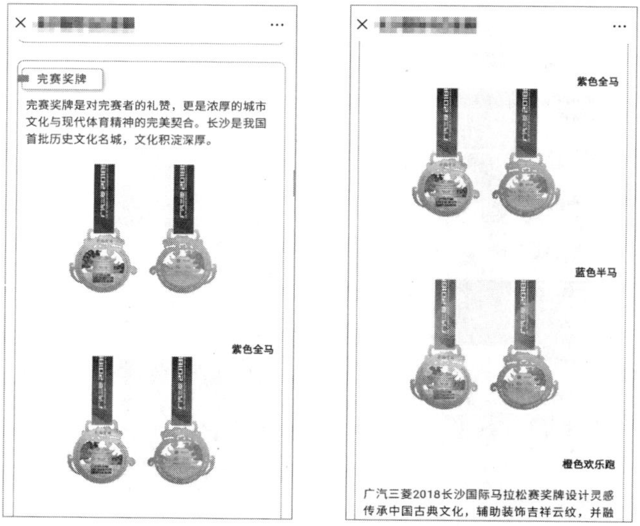

图 8-21　马拉松比赛的完赛奖牌

第九章

汽车活动——创造震撼大气的新模式

汽车活动归属于行业活动中的一种，而在这个日新月异的时代，汽车又是一种高消费的产品，那么该如何做好关于汽车的活动策划呢？通过本章的学习，相信活动策划人员一定会对汽车活动有一个全新的认识与了解，掌握汽车活动的策划技巧。

本章主要内容包括：

- 汽车活动的意义
- 汽车活动的基本类型
- 售后服务的基本作用
- ×× 汽车 4S 店情人节促销活动策划书

9.1　汽车活动的意义

活动在行业中，对商家来说只是一种营销手段，而通常开展活动的目的都是宣传品牌推广、扩大影响力和吸引关注度。但是一个活动如果没有好的策划方案，那么要想达到活动目的是很困难的。

汽车活动的市场竞争非常激烈，所以想要赢得市场，做好活动策划是非常必要的。本节开始针对汽车活动展开了解。

9.1.1　汽车活动的注意要点

在进行活动策划之前，可以先将活动组织的核心要点提炼出来，这样在策划时就会一目了然，具体分析如下。

1. 明确活动目的

活动目的对活动策划来说可谓主心骨的位置，如果活动开展了却连目的都没有搞清楚，那么这场活动就失去了它原有的意义，比如开展汽车促销活动的目的是提高汽车销量，开展公益活动的目的是提升企业形象，等等。

2. 挑选恰当主题

如果想让一个活动吸引大众的目光，那么活动的主题选择就变得至关重要。如图 9-1 所示为某 4S 店以“挑战冰杯”为主题开展的汽车促销活动，消费者看一眼就能清楚地了解该活动的内容。

因此在主题的选择上，必须让人有眼前一亮的感觉，这也是很重要的一点。除此之外，还需要以下几点要求，如图 9-2 所示。

图 9-1 汽车促销活动主题

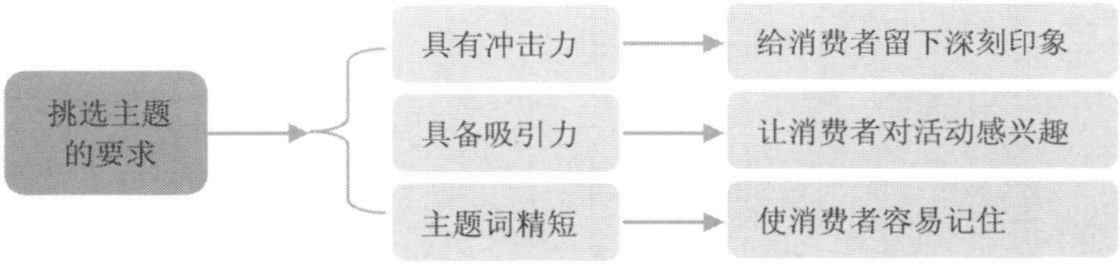

图 9-2 挑选主题的要求

3. 确定目标人群

只有将受众人群确定下来，才能对其进行针对性的分析，从受众人群入手，满足差异性，使活动效果更显著。

4. 选择合适时间

活动时间的选择一般以消费者时间为主，要让消费者有充足的时间去参加活动，比如，活动开展在工作日，人们肯定没有时间去参加活动，因为他们都要上班，而下班后还想留给自己一点空闲的时间用来放松，也不会有心情去参加其他活动。所以活动时间的选择直接关乎活动是否能取得成功。

5. 让活动具有吸引力

活动本身具有吸引力，是引起消费者关注的一大关键，那么究竟怎样才能让活动变得更具吸引力呢？关于活动吸引力的具体分析如图 9-3 所示。

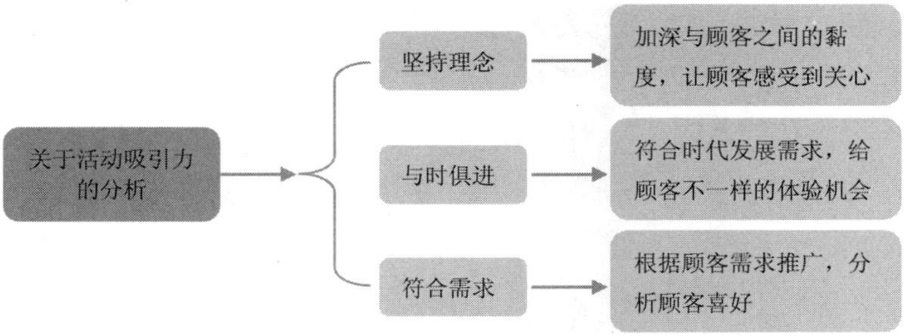

图 9-3　关于活动吸引力的分析

6. 为活动做宣传

宣传的目的是让更多的人知道活动，活动的宣传方式也有很多种，汽车活动可以选择广告、媒体、杂志等进行宣传，如图 9-4 所示。

图 9-4　电视上的汽车广告

9.1.2　选择活动礼品的技巧

赠送礼品，通常是代表企业表现出对消费者的关心与感谢之情的一种方式，还能增加与顾客的关系，但在选择礼品方面有一些问题需要注意，如图 9-5 所示。

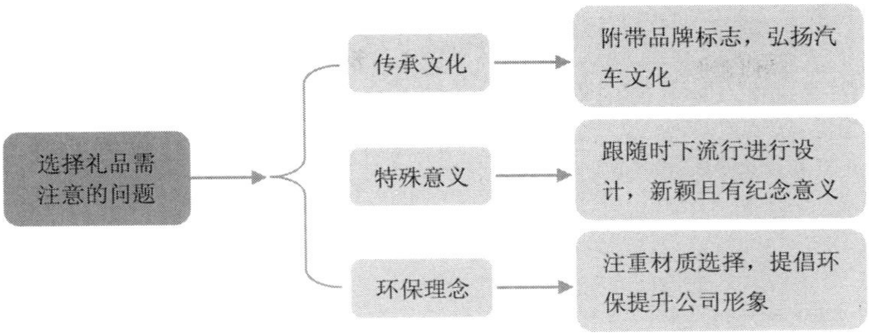

图 9-5　选择礼品需要注意的问题

除此之外，在给顾客赠送礼品时有 3 种礼品是千万要记住不能送的，分别是伪劣礼品、以次充好的礼品和“缩水”礼品，因为赠送礼品的目的是加深顾客对公司的好感度，而礼品出现问题，会大大败坏好感度，那样就真的得不偿失了。

另外，需要讲到的就是关于女性顾客的车系礼品该怎么挑选。虽然大多数买车的顾客是男士，但是现在也有很多女性顾客自己买车、开车，这也是时代的一种趋势，而女性的礼品与男性顾客相比，就需要从精美、得体入手，比如音乐盒和精美汽车挂件等通常都是众多女性受欢迎的小礼品，如图 9-6 所示。

图 9-6　精美的汽车挂件

9.2 汽车活动的基本类型

汽车活动的形式多种多样，本节就从几种常见的汽车活动类型进行相关介绍。

9.2.1 什么是车展活动

车展活动属于展览活动中的一种，人们通过车展活动可以更清楚地对汽车产品进行了解，常见的类型有以下几种，如图 9-7 所示。

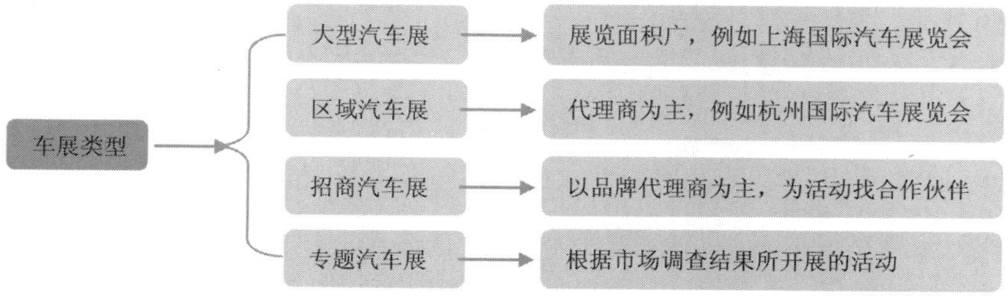

图 9-7 车展活动类型

活动策划者在策划车展活动时，不可盲目进行，需要按照 8 个步骤来操作，具体内容如图 9-8 所示。

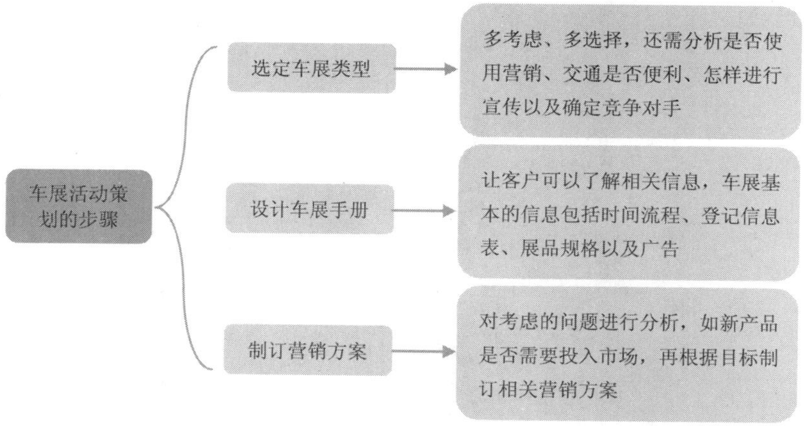

图 9-8 车展活动策划的步骤

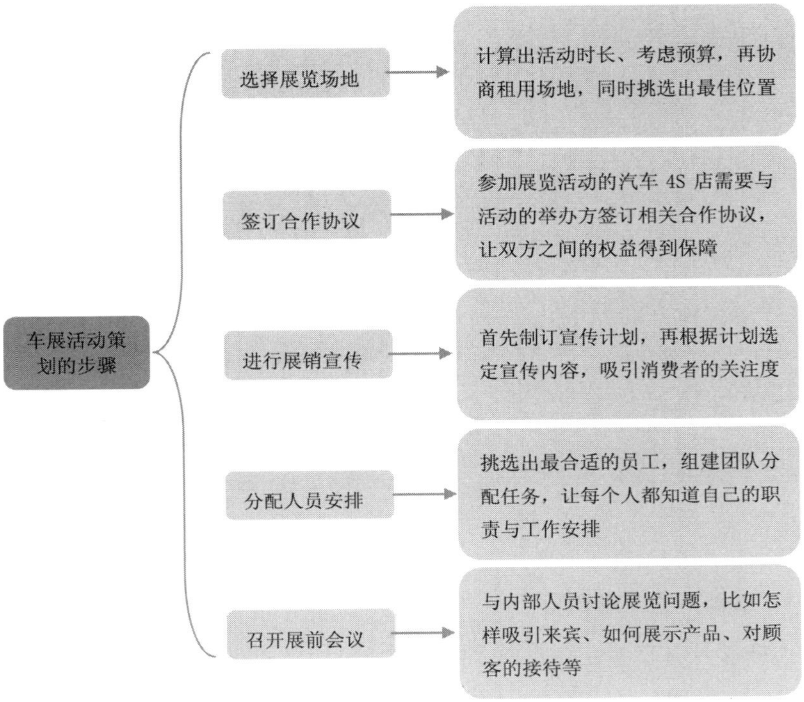

图 9-8　车展活动策划的步骤（续）

9.2.2　怎样开展促销活动

促销活动，通常在节假日中举办得多一些。因为我国历来就注重传统节日，过节的仪式感比较强，除了原有的传统节日，一些国外的节日也慢慢开始在我国流行起来，比如“感恩节”“万圣节”等。不少商家纷纷学会利用这些暗藏的商机开始做起促销活动，汽车行业当然也不甘示弱，如图 9-9 所示。

汽车活动与一般活动有着很大的区别，由于汽车属于大物件，并不是寻常的小物品，商家选择在节假日做促销活动，也需要经过精心的准备与策划。下面就对此进行相关了解。

图 9-9　汽车节假日活动

1. 活动前的市场调查

在活动开展之前，需要经过市场调查，只有通过市场调查之后，才能结合自身的实际情况对活动进行总体策划，具体分析过程如图 9-10 所示。

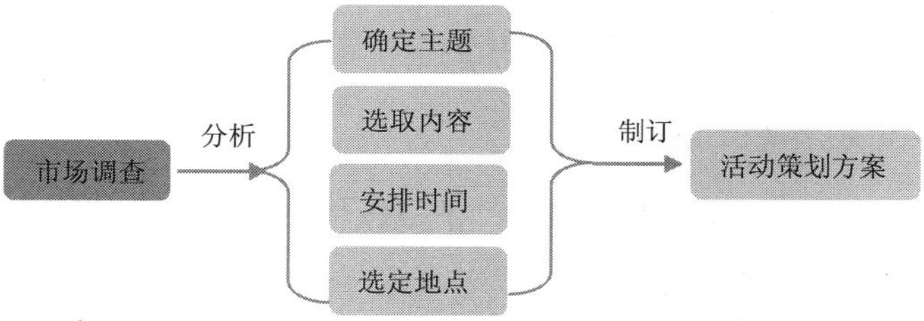

图 9-10　市场调查的分析

2. 做好前期准备工作

（1）发布信息：活动信息的发布很重要，很多报刊上都会有汽车专版报纸，在这上面发布的信息一定要做到精准，并且更要完善产品信息，如图 9-11 所示。

（2）提前布置场地：考虑到汽车的体积大，必须要有足够大的空间才能保证活动得以进行，而提前布置好场地也能保障活动井然有序地开展，如图 9-12 所示。

图 9-11 报刊上的信息

图 9-12 汽车活动的场地布置

9.3 售后服务的基本作用

现在，很多产品商家都会提供售后服务，比如手机、电脑、珠宝等产品商家，售后服务的提供能够保障客户的权益，若商品在使用过程中出现问题，则可以直接向卖家反馈，从而让问题得到解决。汽车活动中的售后服务在本质上也是一样的，售后服务让客户二次成单成为可能，所以售后服务的作用和影响力也很大。接下来就来详细地了解汽车活动的售后服务。

9.3.1 常见的售后服务

如今汽车售后服务已经成为很多车主比较关注的一个问题，因此做好售后服务对汽车活动来说也就变得越来越重要。汽车 4S 店中几种常见的售后服务内容如图 9-13 所示。

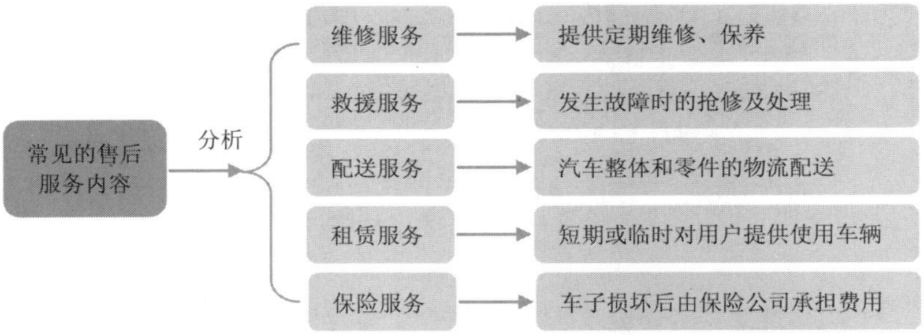

图 9-13　常见的售后服务内容

汽车的维修和保养通常是车主最担心的问题，因为汽车不仅是一种代步工具，同时也是一种消费品，如果商家的售后服务包括这些内容，那么对客户来说无疑是解决了大问题。如图 9-14 所示为某 4S 店的维修中心。

图 9-14　某 4S 店的维修中心

9.3.2 售后活动的组织

既然了解了常见的售后服务，那么对组织售后活动肯定也不会陌生。接下来对售后活动的组织进行详细介绍，如图 9-15 所示。

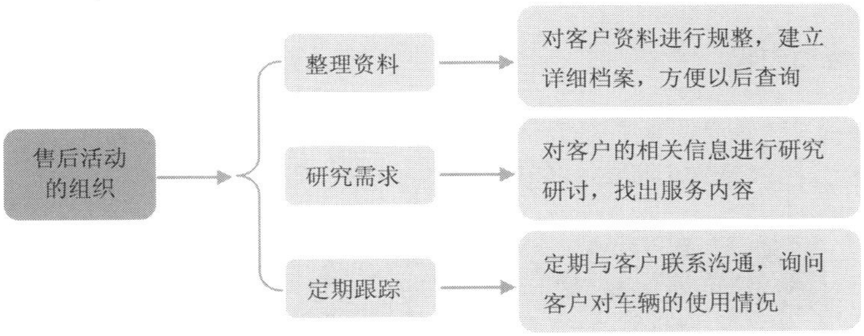

图 9-15　售后活动的组织分析

9.4 ××汽车 4S 店情人节促销活动策划书

1. 活动背景

随着情人节的到来，不少 4S 店陆陆续续地准备开业，市场竞争到时会十分激烈，因此 ×× 汽车 4S 店也打算抓住这一时机开展情人节促销活动，维护好新老客户之间的关系，希望通过“老带新”的途径提升销售业绩。

2. 活动目的

（1）开通新型销售途径，吸引更多潜在客户。

（2）提高品牌知名度，扩大影响力。

（3）提升销售量，引起关注度。

3. 活动主题

浪漫情人节，心动就送礼。

4. 活动时间

活动时间为 2020 年 2 月 14 日。

5. 活动地点

×× 汽车 4S 店展厅。

6. 活动对象

购买过车的老客户、有意向的潜在客户以及情侣或夫妻。

7. 活动内容

（1）文艺表演：邀请新老客户进店观看表演，使其先感受到节日的氛围，以一种放松、享受的心情参加活动，如图 9–16 所示。

图 9–16　某汽车 4S 店的表演活动

（2）汽车秀：用表演秀的方式展示汽车的功能，如图 9-17 所示。

图 9-17　汽车展示秀

（3）试驾活动：有意向购买的客户可以在活动现场试驾，体验汽车的各种性能。

（4）互动环节：现场邀请十对情侣或夫妻参加汽车知识问答游戏互动，并以计分的方式进行排名，分数排名前三的情侣或夫妻即可获得精美情侣手链一对。

（5）抽奖活动：当场下单的客户即可获得现场抽奖机会一次，参与抽奖活动即可有机会赢得神秘大奖。

（6）赠送活动礼品：给活动参与者赠送汽车精美挂饰。

8. 活动宣传

活动的宣传方式可以有很多种，比如电话、短信、网站和公众号等，如图 9-18 所示。

9. 设置奖项

抽奖活动可以设置 4 个奖项，比如一等奖 1 名、二等奖 2 名、三等奖 3 名以及幸运奖 10 名，相关奖品如下。

（1）一等奖：价值 3888 元的电冰箱一台。

（2）二等奖：洗衣机一台，价值 1688 元。

（3）三等奖：价值 588 元的微波炉一台。

（4）幸运奖：烤箱一台，价值 99 元。

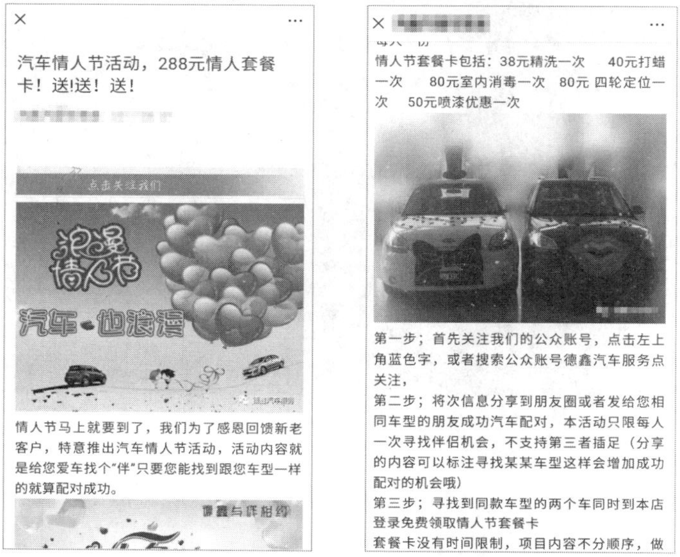

图 9-18　微信公众号上的活动信息

10. 预留活动应急方案

活动过程中，常常会有一些意外情况，如天气原因、人数太多、场地受限等，所以为了保障活动得以顺利开展，活动策划者通常需要预留活动的应急方案。

11. 活动预算

做好活动预算，可以让活动决策者明白经费的去向，也能更直观、清楚地知道经费的花费情况。

12. 活动评估

活动策划者在活动结束时，需要对活动进行评估，对整个效果进行评价，总结经验以便下次组织类似活动。

第十章

娱乐活动——轻松休闲的体验方式

娱乐活动在生活中随处可见，比如跳广场舞、在KTV唱歌、聚会等。娱乐活动在大多时候可以起到愉悦身心的作用，那么对企业来说，娱乐活动又能提供哪些帮助呢？本章就对娱乐活动进行详细介绍，让大家对娱乐活动有更进一步的了解。

本章主要内容包括：

➤ 娱乐活动的含义

➤ 如何策划娱乐活动

➤ “×× 学校元旦文艺会演活动策划书”

➤ “×× 公司团建活动策划书”

10.1 娱乐活动的含义

娱乐是指人在追求快乐时释放压力、解放天性的一种方式。而娱乐活动也就是围绕娱乐的定义开展的启发性活动。常见的娱乐活动有艺术表演、音乐欣赏和游戏等，如图 10-1 所示。

图 10-1　森林音乐会

10.1.1 分析娱乐活动的类型

娱乐活动属于活动中的一种，但它与其他活动有着本质上的区别，因为娱乐活动的主要目的是满足人们的需求以及宣传文化，其本意也是为了给人们带来身心愉悦的感受和让文化交流得到进一步更好的发展。下面就根据这两点对娱乐活动进行分类。

1. 城市营销

城市营销活动的开展主要是对地理品牌进行营销为主的娱乐活动，通常由政府来组织，如世博会、艺术文化节等。

2. 公益推广

一般而言，公益活动的目的都是唤醒良知、呼吁更多的大众一起参与，让社会中互帮互助的精神得到宣传。这种活动的发起者没有限制，有心就行。

3. 商业营销

商业营销活动的发起者多为企业，目的是推广产品和品牌，如图 10-2 所示。

图 10-2 商场举办的贺新年活动

4. 关系营销

关系营销活动的主要目的是创建交流平台，在活动中让举办方与大众或其他品牌建立良好关系，常见的以晚会为主，如图 10-3 所示。

图 10-3　企业联合举办的晚会活动

5. 文化交流

文化交流，顾名思义，就是以文化为主的活动，其中包括对文化的弘扬和交流两种目的，一般这类活动的发起方没有特定规定，像一些传媒公司、小区协会和政府机构都是有权利自主发起的。

如图 10-4 所示为中意国际文化艺术交流论坛活动，其目的是让更多知名画家通过活动对“画中国”进行交流与探讨，以便呈现出中国的最好面貌。

图 10-4　中意国际文化艺术交流论坛活动

10.1.2 解析娱乐活动的特点

因为娱乐活动的形式比较多样化，与其他活动相比是比较难找出一个共同点的，所以活动策划者在策划娱乐活动时，需要了解清楚它所具备的特点。

娱乐活动的特点分析如图 10−5 所示。

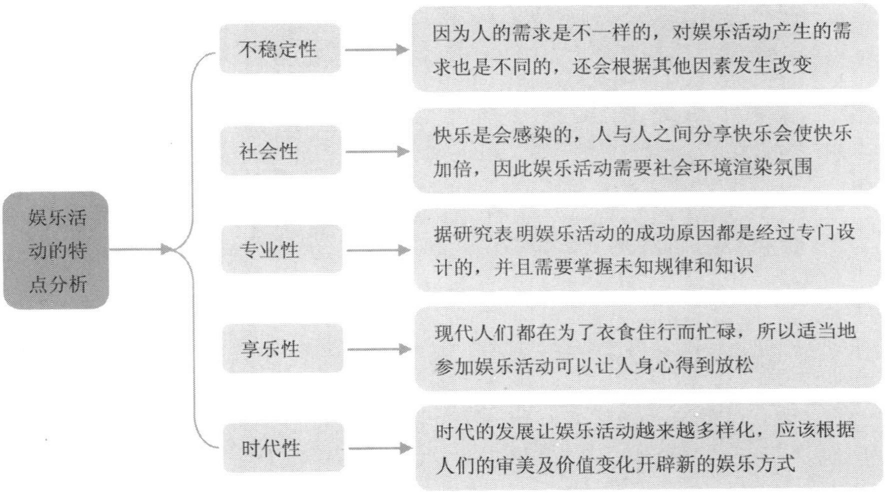

图 10−5 娱乐活动的特点分析

10.1.3 剖析娱乐活动的作用

如果说以前的娱乐活动只是给人们提供愉悦身心的体验方式，那么现在的娱乐活动其作用就并非这么简单了，它的作用体现得更广泛，下面就对娱乐活动的作用进行详细讲解。

（1）对社会产生影响：一些大型的公益娱乐活动可以直接影响社会群众。如图 10−6 所示为以歌唱比赛形式举办的公益活动，其目的是让每一位参与者通过歌唱的方式为公益尽一份力，这样的活动参与者比较多。

图 10-6　公益性娱乐活动

（2）培养兴趣：对很多人来说，适当地参加一些娱乐活动可以培养兴趣爱好、陶冶情操、修身养性，如近些年较流行的广场舞、红歌交流会等，如图 10-7 所示。

图 10-7　广场舞娱乐活动

（3）促进交流：现在是信息时代，而当今社会普遍存在的一个现象就是“低头族”，手机在生活中的运用也愈加广泛，导致人们都不爱出门，人与人之间缺乏直接沟通，而娱乐活动可以使这一现象得以改变，通过活动使关系变得更加密切。如图 10-8 所示为某公司组织的户外活动，不仅促进了员工之间的感情，也让员工享受到了活动中参与的乐趣。

图 10-8　某公司组织的户外活动

10.2　如何策划娱乐活动

娱乐活动不是随随便便就可以举办成功的，所以在开展娱乐活动之前，活动策划者需要遵循策划原则、策划流程、策划方法和写作要点等 4 个步骤来实施。本节就根据这 4 个步骤进行详细介绍。

10.2.1　原则明确核心价值

娱乐活动的策划原则可以说是整个活动策划的核心价值观念，只有根据策划原则策划出来的活动，才能保证活动有效地开展。娱乐活动的策划原则如下。

（1）导向性原则：活动在实施过程中需要根据活动的总体方案来进行，对具体的工作流程起到导向性作用。

（2）独一无二原则：现在很多活动的形式都大同小异，因此策划人员在策划时要学会创新，不能用以前的创意方案，只有做到独一无二，才能给人留下深刻印象。

（3）围绕主题原则：主题通常是整个活动的重中之重，并且代表了活动的一种理念。脱离了主题的活动就是没有灵魂的空壳子，所以在策划时必须牢记这一点。如图 10-9 所示为农民为庆祝丰收节所举办的娱乐活动。

图 10-9　丰收节主题娱乐活动

（4）传播信息原则：当今社会是信息时代，信息的传播方式也比较多样，而对于活动策划来说，信息传播得越多，活动成功的可能性也就越大。但信息传递需要满足 3 点要求，如图 10-10 所示。

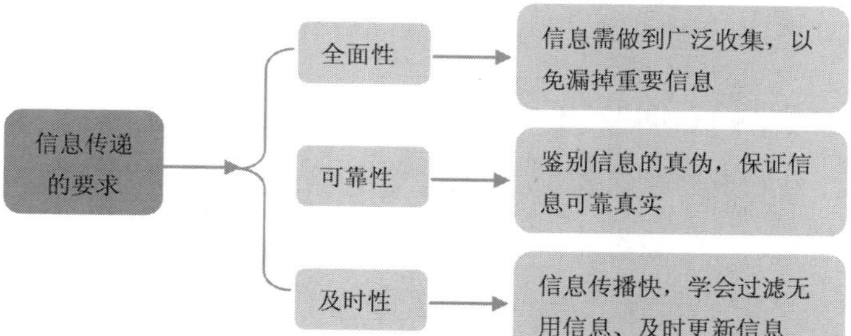

图 10-10　信息传递的要求

（5）完整性原则：对策划人员来说，要保证活动可以完整地进行，活动中该有的环节及流程工作必须缺一不可。

（6）合作原则：很多活动都会有许多不可控因素，这导致活动策划者的任务加重，对于这些不可控因素便可采取合作的方式进行控制。

10.2.2 流程决定活动细节

一般而言，娱乐活动的策划流程包括 5 个步骤，如图 10–11 所示。

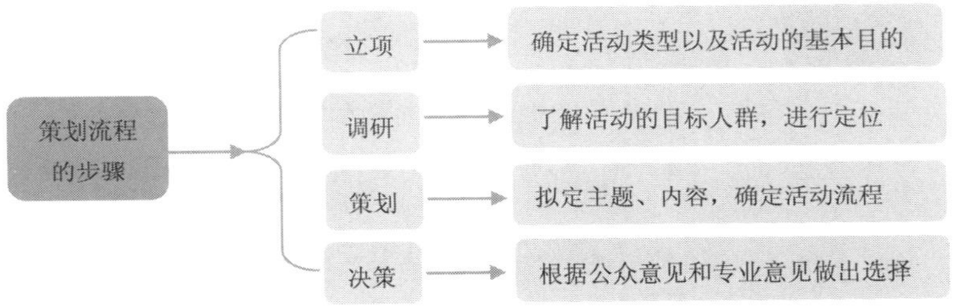

图 10–11 策划流程的步骤

10.2.3 方法提供策划帮助

娱乐活动的策划形式没有具体限制，也没有固定的模式可以参照。因此活动策划者在策划时必须掌握一些方法，以便对策划活动提供帮助，如图 10–12 所示。

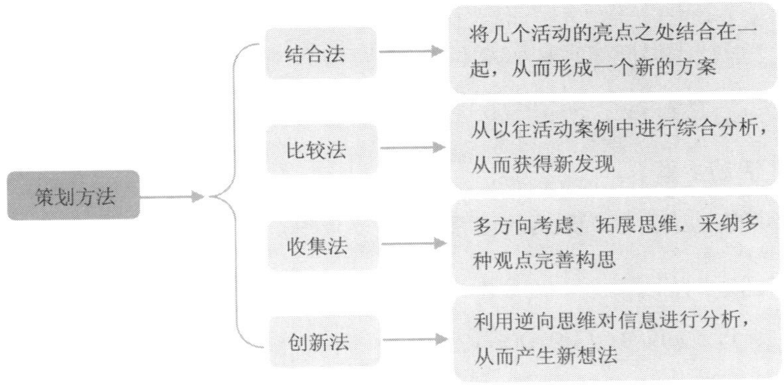

图 10–12 策划流程的步骤

10.2.4 写作要点完善方案

掌握娱乐活动的策划方法后，接下来就是活动方案的写作。如果想要得到一份完美的策划方案，就需要按如下要点进行写作，具体分析如图 10–13 所示。

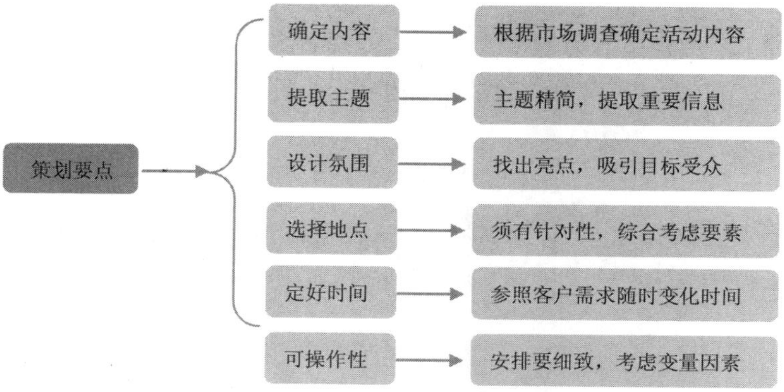

图 10–13 策划要点

10.3 "××学校元旦文艺会演活动策划书"

1. 活动背景

一年一度的元旦又要来临了，这标示着旧的一年已经过去，新的一年接踵而至，学校也借此弘扬校园文化、传达积极向上的正能量，决定举办 2020 年元旦文艺会演活动，给学生们提供一个展示个人魅力的机会。

2. 活动主题

活动的主题定为"庆元旦佳节，绽个人风采"。

3. 活动时间

2019 年 12 月 31 日 9:00~12:00。

4. 活动地点

×× 学校操场（若当天下雨则改为学校大礼堂）。

5. 活动对象

×× 学校全体师生。

6. 活动准备

（1）通知时间：提前一个月通知各班级活动时间。

（2）申报节目：通知各班级准备 5 个活动当天的演出节目，节目形式不限、人数不限，时间限制在 4 分钟以内，小品 6 分钟以内。

（3）布置场地：提前搭建好活动舞台，并对活动现场设施进行安全检查，如图 10-14 所示。

图 10-14　搭建活动舞台

（4）筛选节目：考虑到有些班级可能会多报节目，为了控制活动的总体时间，需要对所有节目进行择优选取，如图 10-15 所示。

图 10-15　学校领导筛选演出节目

7. 节目要求

考虑到如果同一类型的节目太多就会引起视觉疲劳，同时没有新鲜感，因此对演出节目提出以下要求。

（1）富有趣味性：能调节活动气氛，给人轻松欢快的感觉，比如小品、相声、模仿秀等，如图 10-16 所示。

图 10-16　某学校的小品节目

（2）形式多元性：可以将多种活动结合在一起，比如边唱边跳、边弹边唱等。

（3）具有创新性：让人感觉眼前一亮，比如武术、魔术、快板等。

8. 活动流程

（1）2019 年 12 月 31 日 8:00~8:30，学生入场。

（2）2019 年 12 月 31 日 8:31~8:45，主持人上台致词。

（3）2019 年 12 月 31 日 8:46~9:00，学校领导致开场词。

（4）2019 年 12 月 31 日 9:01~9:06，开场舞。

（5）2019 年 12 月 31 日 9:07~10:00，唱歌、舞蹈、相声表演。

（6）2019 年 12 月 31 日 10:01~11:00，武术、魔术、快板等。

（7）2019 年 12 月 31 日 11:01~11:30，朗诵、合唱、健美操等。

（8）2019 年 12 月 31 日 11:31~11:50，按名次颁奖。

（9）2019 年 12 月 31 日 11:51~12:00，主持人上台为活动做总结，宣布活动圆满结束。

9. 奖项设置

（1）一等奖：两名，以班级为单位，奖金 888 元 + 荣誉证书。

（2）二等奖：3 名，以班级为单位，奖金 388 元 + 荣誉证书。

（3）三等奖：5 名，以班级为单位，奖金 188 元 + 荣誉证书。

（4）人气奖：3 名，以班级为单位，保温杯一个 + 荣誉证书。

10. 活动评估

活动策划者在活动结束时，要进行总体评估，比如活动流程方面衔接是否紧凑、活动氛围是否热闹、现场节奏把控是否得当等，做好记录，总结经验。

10.4 “× × 公司团建活动策划书”

1. 活动背景

× × 公司刚成立不久，员工与员工之间都不太熟络，在工作中交流得也比较少，为了促进与员工之间的感情，提高工作效率，因此开展此次团建活动。

2. 活动目的

提高员工的积极性，制订下半年业绩目标，加强团队凝聚力。

3. 活动主题

活动主题可以直接体现出活动的中心，如图 10-17 所示为某公司组织的以宣传公司品牌为主题的团建活动，主题的选择以公司名称为主，起到了提高知名度的作用。

图 10-17　某公司团建活动的主题

因此在选择活动主题时也可以从这方面出发，活动主题定为“有缘来相聚，一起共前行”。

4. 活动时间

2020 年 4 月 24 日 14:00。

5. 活动地点

活动地点为 ×× 酒店 ×× 楼 ×× 室。

6. 活动准备

（1）提前一天通知公司员工活动时间。

（2）准备好活动当天要用到的物品以及道具，比如横幅、狼人杀游戏道具、面粉、扑克牌等。

（3）活动前一个星期定酒店、定大巴车。

7. 活动内容

（1）员工自我介绍：让员工之间相互留下印象，以便更好地开展后续的游戏活动，让活动顺利进行。

（2）狼人杀游戏：活动开始之前，主持人介绍游戏规则。如图 10-18 所示为狼人杀游戏规则以及活动流程。游戏人数：6~10 人，共 10 张牌，包括 3 张狼人、3 张普通村民、1 张预言家、1 张猎人、1 张女巫、1 张标志牌。好人的目标为“杀”死所有狼人，狼人的目标为“杀”死所有的村民以及有各种任务及能力的特殊村民，先完成目标的一方即可获得胜利。

狼人杀游戏规则：

1、狼人：隐藏伪造自己身份，杀死游戏内除了狼人队友的所有人；

2、村民：用智慧分析指正狼人并杀了他们；

3、女巫：女巫有一瓶解药和一瓶毒药，根据自己的判断，救出自己的队友，杀死狼人（队友包括村民和预言家）；

4、预言家：每轮可查看一名游戏者的身份，保护自己，杀死狼人，取得胜利；

5、猎人：死的时候可以带走一名生存者；

6、上帝：也就是我。（即主持人，主导但不参与游戏）

游戏流程：

1、天黑请闭眼：狼人活动，狼人队友投票选择杀死1人；

2、女巫请睁眼：选择是救人或者用毒；

3、预言家请睁眼，查看随意一人身份；

4、天亮请睁眼：搭挡自述自己的看法，为自己辩解；

5、投票投出1个人出局；

6、死亡感言；

7、下一轮游戏循环

图 10-18　狼人杀游戏规则及活动流程

（3）扑克传粉：每 6 个人为一个小组，将扑克牌含在嘴里，第一个人从起点用嘴里的扑克牌去装面粉，然后依次传送给下一个人，最终面粉量多的那组即为获胜方，如图 10-19 所示。

图 10-19　扑克牌传面粉活动

（4）惩罚环节：两场活动的失败方需要接受相应的惩罚，比如才艺表演或者吃苦瓜汁等。

8. 活动预算

活动策划者在策划活动时，切记需要将活动预算做到最精准，以方便公司领导掌握经费去向情况。

第十一章

旅游活动——更高层次的精神享受

旅游活动可以算得上所有活动中最能体现出人们在精神上的追求的一种活动形式，往往也是最能反映出消费者的经济能力承受水平的活动，消费者的经济能力可以直接决定活动的档次。那么活动策划者在这种情况下该如何进行活动策划呢？通过本章的学习，肯定能找到你想要的答案。

本章主要内容包括：

➢ 旅游的定义

➢ 探究旅游业与活动之间的关系

➢ 旅游活动的注意事项

➢ “××摄影协会烟火采风活动策划书”

➢ “‘大理丽江七日游’活动策划书”

11.1　旅游的定义

旅游，从字面上的意思来讲，“旅”代表出行，“游”指观光、游览，两个字组合在一起便有了边走边看的意思，而这一活动形式也就称为旅游。

从个人角度来讲，旅游只是一种娱乐方式，人在旅途中可以看到以往没见过的风景，能产生不一样的视觉感受。而从广义角度来讲，大型旅游活动可以带动经济发展，比如明朝年间郑和下西洋是中国古代规模最大的一次海上航行，这也说明了当时中国的经济现状，并且通过此次活动还开拓了海外贸易，改变了国内生产，又如孔子周游列国弘扬儒家思想、张骞出使开辟丝绸之路等，如图 11-1 所示。

图 11-1　孔子周游列国讲学

11.1.1　旅游活动的基本特点

现今社会，随着经济的发展与提高，旅游业也跟随时代的进步得到快速发展，旅游活动开始慢慢兴起。旅游活动的特点如图 11-2 所示。

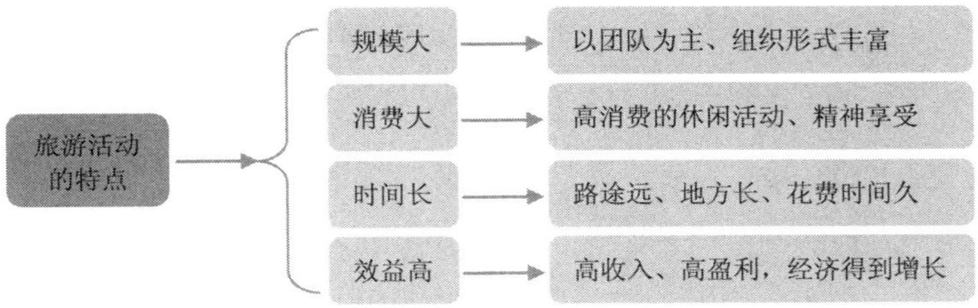

图 11-2　旅游活动的特点

11.1.2　旅游活动的作用

旅游行业中的竞争十分激烈，很多旅游企业也开始重视市场这一块的研究，那么旅游活动的发展又会给生活带来什么样的作用呢？具体分析如图 11-3 所示。

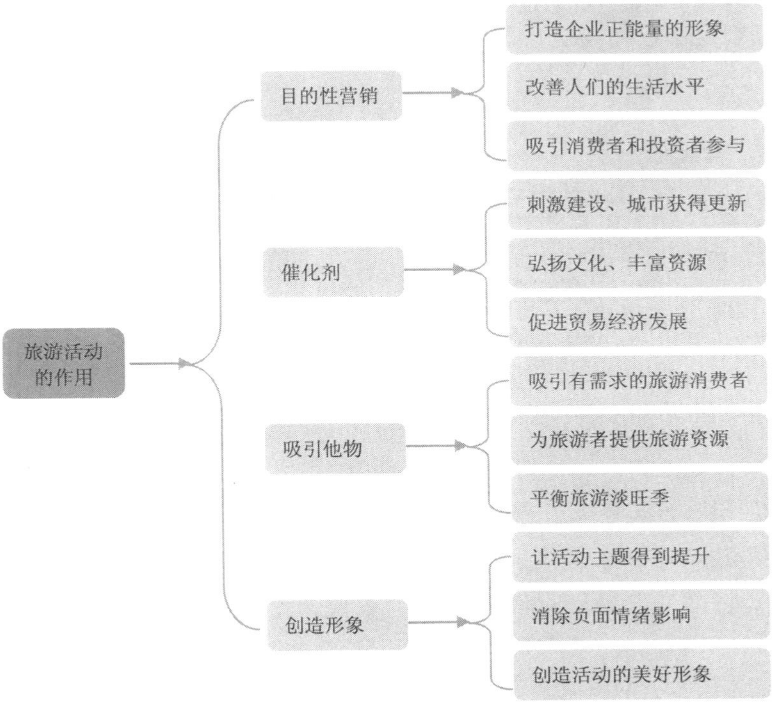

图 11-3　旅游活动的作用

11.1.3　旅游活动的常见类型

旅游活动的基本类型取决于其自身性质，性质不同，类型也会不一样。下面就根据旅游活动的性质对其进行分类。

1. 地理位置

从地理位置的角度进行划分，可以分为国内旅游和国际旅游两种。国内旅游是指在一个国家内的旅游活动，如图 11-4 所示为某旅行社国内游的活动宣传单。国际旅游的范围比国内旅游要广一些，毕竟跨越了国际，地域范围很广。

图 11-4　某旅行社国内游的活动宣传单

2. 目的和性质

很多时候，人们选择旅游都是有目的性的，比如想去某个地方看看或者散散心等，因此根据旅游的目的和性质可以将旅游分为以下几类，如图 11-5 所示。

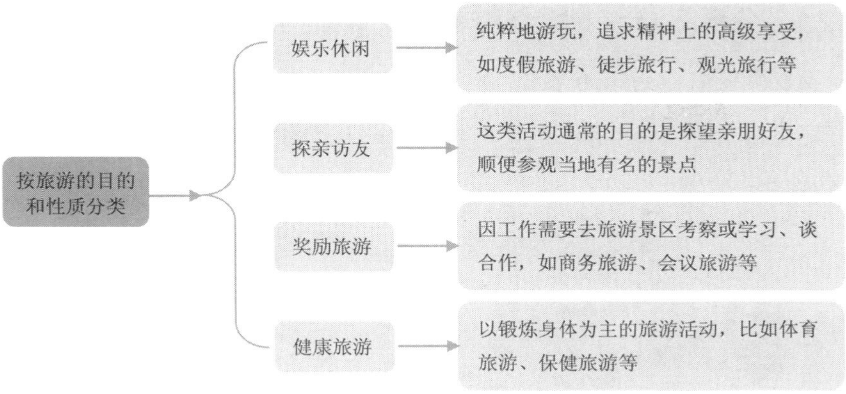

图 11-5　按旅游的目的和性质进行分类

3. 人数多少

旅游活动按参与人数分类，可分为 4 类，具体分析如图 11-6 所示。

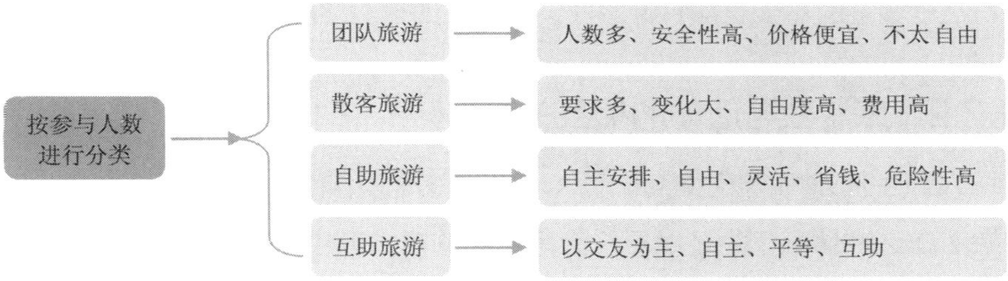

图 11-6　按参与人数进行分类

11.2　探究旅游业与活动之间的关系

旅游业是以娱乐休闲为主的一种行业，其中旅行社、旅游交通和旅游饭店是旅游业的三大支柱，那么旅游业与活动之间有什么关系呢？下面就进行更深一步的探究。

11.2.1 分析旅游者的特点和需求

在探究旅游业与活动之间的相互关系之前，我们首先需要对旅游业的活动对象进行了解，也就是对旅游者进行分析，了解他们的特点和需求，如图11-7所示。

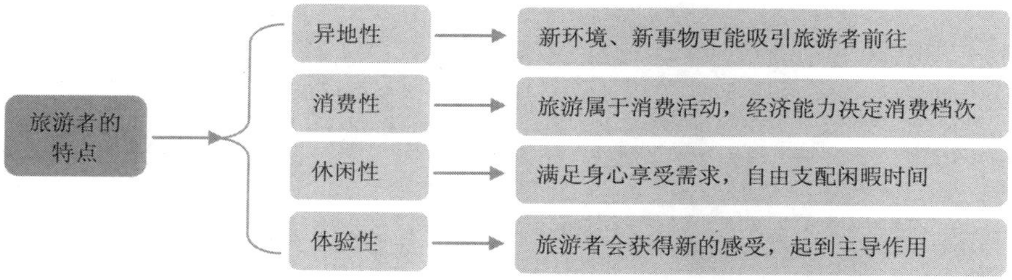

图 11-7 旅游者的特点

了解了旅游者的特点后，就能很清楚地知道他们的需求是什么，这样在进行活动策划时也会更加有针对性，能保证活动发挥出最大的作用。

11.2.2 旅游业与活动的相互关系

人们生活水平得到提高之后，越来越多的人开始追求精神上的享受。旅游业在这种情况下为了满足广大消费者的需求顺应而生，而旅游活动也成为了暗藏商业价值和具有组织性的综合性活动。旅游业和活动的连接点如图11-8所示。

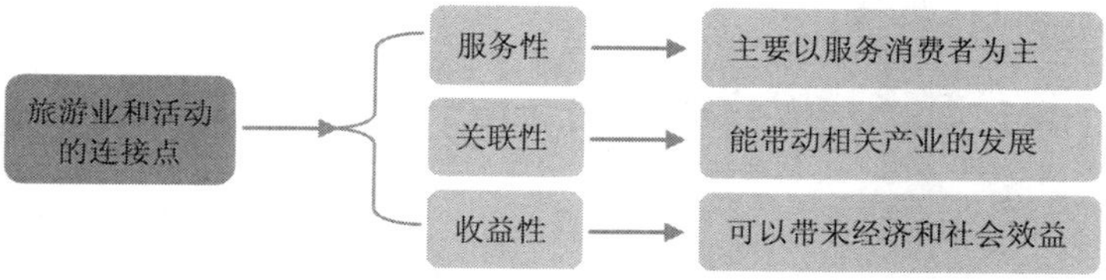

图 11-8 旅游业和活动的连接点

上述两者之间的连接点，也称为共性，除此之外，两者之间又有着不同点，主要体现在如下3个方面，如图11-9所示。

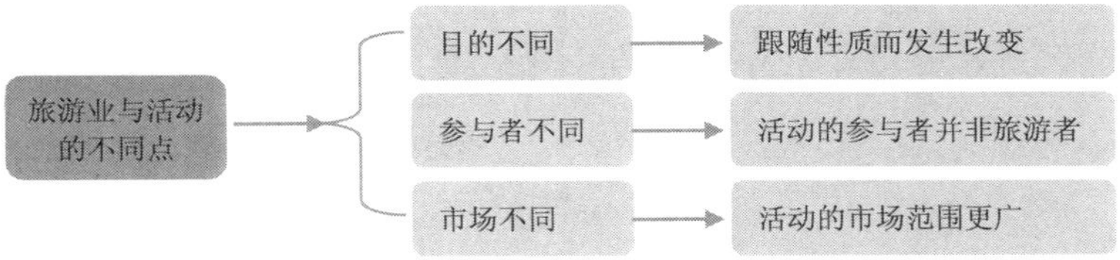

图 11-9　旅游业与活动的不同点

11.2.3　活动带动旅游业经济发展

旅游业和活动息息相关，将活动策划贯彻在旅游业中也可以称得上一种有效结合，这样也能帮助旅游业带动经济发展。接下来从 3 个阶段进行相关了解。

（1）被动阶段：旅游业在与活动结合之前，还是处于一个被动阶段，而当与活动结合之后，给旅游业带来了一定的影响，如图 11-10 所示。

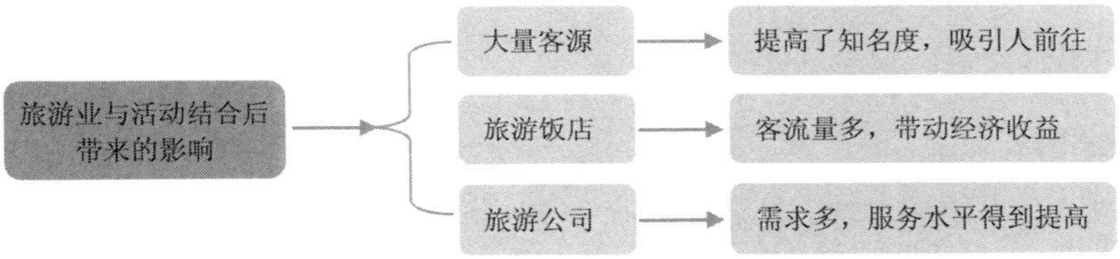

图 11-10　旅游业与活动结合后带来的影响

（2）配合阶段：在与活动结合之前，旅游业处于一个被动阶段，但在与活动相互配合之后，就能产生经济和社会效益，还能根据需求发掘商机，推出新的旅游产品等，因此也能带动旅游活动的发展。例如，一些大型活动的举办地会因此带动经济发展，在举办活动过程中需要提供活动场所、住宿、餐饮、商务等。如图 11-11 所示为大型饭店。

图 11-11　大型饭店

除此之外，还可以与旅行社相互合作，为旅游者提供休闲观光旅游服务，如图 11-12 所示。

图 11-12　旅行社活动宣传海报

（3）高度融合阶段：这是 3 个阶段中的最高层次，并且能承担起大型活动策划的责任工作，将企业做到越来越向国际化发展，开拓市场的新型业务能力，同时也提高了其在行业中的地位。

11.3 旅游活动的注意事项

安全是旅游活动中最为重要的一个问题，也是旅行者能否享受旅途的一个重要保障。因为没有什么比生命更重要，与快乐相比，生命排在第一位。旅游活动中需要注意的几个事项如图 11-13 所示。

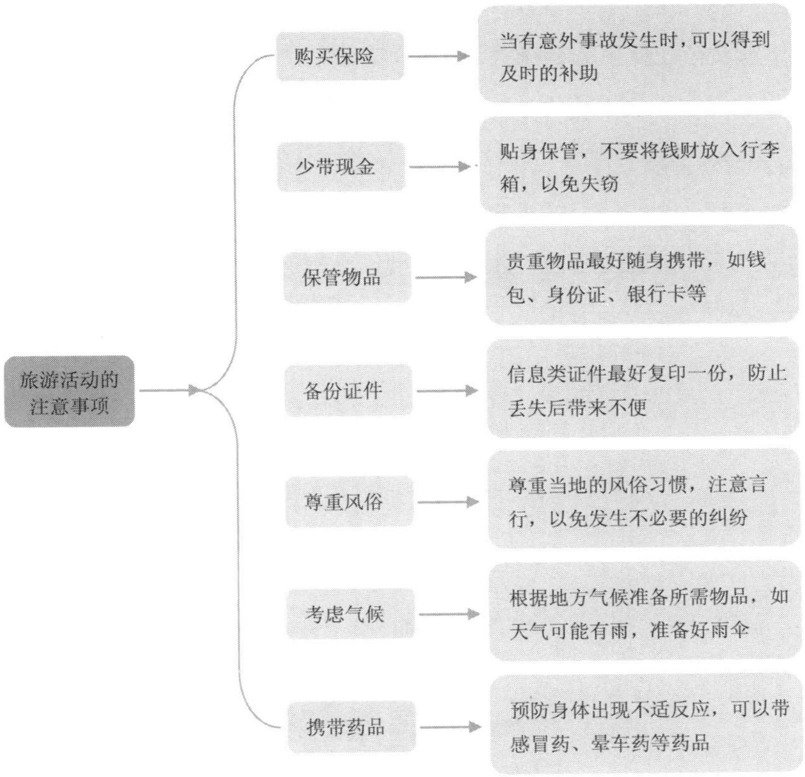

图 11-13 旅游活动的注意事项

11.4 “×× 摄影协会烟火采风活动策划书”

1. 活动背景

2019 年 10 月 1 日是中华人民共和国成立 70 周年的日子，毋庸置疑，这一天也是举国欢庆的日子，而长沙的橘子洲每逢重大节日就会在晚上放烟花以示庆祝，这一盛景对摄影爱好者是一次绝佳的机会，用相机永恒地将绝美的烟火盛宴定格，是每个摄影爱好者可遇而不可求的时机。因此 ×× 摄影协会特地借此机会组织开展一场烟火采风活动。

2. 活动目的

用镜头留住最美的烟花画面；为城市特色节目做推广；提高关注度、为 ×× 摄影协会提升知名度。

3. 活动主题

主题是一场活动的点睛之处，可以直接将活动内容体现出来，如图 11–14 所示。因此活动的主题很重要，比如主题可以定为“捕捉烟火之美，定格最美画面”。

图 11–14 体现内容的活动主题

4. 时间和地点

（1）活动时间：2019 年 10 月 1 日 20:30。

（2）活动地点：湖南省长沙市橘子洲。

5. 活动对象

×× 摄影协会的摄影爱好者。

6. 活动安排

（1）提前选定拍摄最佳地点。

（2）准备好拍摄工具。

（3）根据路程安排出发时间。

（4）活动当天进行拍摄工作。

（5）拍摄结束后返程。

7. 活动报名

（1）活动报名时间：2019 年 9 月 23 日 ~2019 年 9 月 28 日 20:00。

（2）提交报名资料：姓名、身份证号码以及活动费用。

（3）报名方式：电话、微信、公众号报名等。

8. 活动要求

在活动结束后，每一位活动参与者需要将拍摄好的作品发送给活动组织人，活动负责人安排相关人员进行整理。

9. 作品展示

拍摄好的作品由摄影协会会长进行筛选，被选中的作品将会投放在公众号上，让更多人观摩学习，如图 11-15 所示。

10. 注意事项

（1）此次活动自愿参加、无强制性，参与后必须服从管理，否则后果自负。

（2）每一位活动参与者需自觉遵守社会公德，不随地吐痰、不随手乱丢垃圾，爱护现场公共设施。

图 11-15　作品投放在公众号上

11.5　“‘大理丽江七日游’活动策划书”

1. 活动背景

夏季是一年中最炎热的季节，尤其是对长期生活在城市的人们来说，简直是一年中最难熬的日子。恰逢 7 月，一年的时间刚好过去一半，某公司为犒劳员工，特决定开展此次旅游活动，给员工提供一个放松身心、愉快玩耍的机会，也为下半年的工作做准备，增强凝聚力。

2. 活动目的

增强团队凝聚力，促进员工感情；感受大自然，享受旅行带来的乐趣；使身心得到放松。

3. 活动主题

“轻松出行，美妙之旅”。

4. 目的地介绍

大理，素来是旅游的好地方，主要以白族人居住为主。大理素以“风花雪月”闻名，“风花雪月”就是指大理较为出名的4个地点，分别是“下关风、上关花、苍山雪、洱海月”。除此之外就是大理古城和崇圣寺三塔，大理古城的景点比较多，其中最具代表性的便是洋人街，各种特色店铺贯穿整条街，琳琅满目，如图11-16所示。

图 11-16　洋人街

丽江和大理相当于邻居的关系，大理的附近就是丽江。丽江有着“东方威尼斯”和“中国音乐活化石”的美称，主要居住人群为纳西族。丽江的主要景点有丽江古城、黑龙潭、沐王府、泸沽湖、玉龙雪山等，其中丽江古城是以整座古城身份被列为世界文化遗产的两座古城之一，其面积庞大，据说逛完丽江古城需要3天时间，丽江古城的建筑标志为大水车，如图11-17所示。

图 11–17　丽江古城的大水车

5. 活动时间

活动时间为 2019 年 7 月 1 日 ~2019 年 7 月 7 日。

6. 活动对象

×× 公司全体员工，可以带家属，不过费用需要自理。

7. 活动准备

（1）提前通知公司员工活动时间，让员工做好心理准备。

（2）提前一个星期联系好旅行社，确定旅游方案。

（3）确定人数，将人数进行统计，制订人员名单，对不参加的人询问清楚原因上报领导。

（4）选择交通方式：大巴或火车、高铁等，对于交通工具需要根据人员数量以及活动预算进行综合选择。

（5）准备互动游戏：除了参观景点，还可以准备一些互动小游戏，促进员工感情，调节气氛。

（6）物资准备：水、食品等费用由公司承担或员工自理。

8. 活动注意事项

（1）将人员按小组划分，每 6 个人中选定一个组长，随时清点人数，以免掉队走丢。

（2）带上一些应急物品，如创可贴、晕车药等。

（3）在活动过程中严禁单独行动，必须听从组长安排，否则发生意外情况，后果自负。

（4）按时返回，每到一个地点游玩后需要听从导游安排准时集合。

（5）旅行过程中务必管理好自己的行李物品，如身份证、钱包、手机等。

（6）便装出行，准备好舒适的鞋子，女性勿穿高跟鞋，以免发生危险或引起登山不便。

9. 紧急处理方案

旅游活动中最重要的问题就是安全问题，因此为了应对突发情况发生，在活动过程中最好准备紧急处理方案，方案中需要考虑的问题如图 11–18 所示。

(一)发生车辆交通事故怎么办?

1.要维持好队伍秩序，不要慌乱，互相检查是否有成员受伤;

2.如果有成员受轻伤的，则应及时地予以正当处理(如用创可贴进行伤口包扎等);如果伤势比较严重的，负责人要立即通知就近的医疗卫生单位，请求派出救护车和救护人员。

3.保护现场，立即报案。事故发生后，应尽一切努力保护现场，并尽快报公安110或交通事故122报警台，请求派员赶赴现场调查处理。

4.立即联系调动其它车辆，终止本次出游活动，组织成员安全回校。

(二)发现成员食物中毒了怎么办?

1.设法催吐并让食物中毒者多喝水以加速排泄，缓解毒性;

2.立即将患者送医院抢救，请医生开具诊断证明;

3.留有中毒事物的样品，以作追究食品销售单位责任的证据。

图 11–18　紧急处理方案需要考虑的问题

(三)在旅游活动中，遇到歹徒行凶、诈骗、偷窃、抢劫等怎么办?

1.保护人身及财产安全。负责人及时将同学们转移到安全地点，在保证人身安全的前提下力争追回钱物;如有成员受伤的，应立即联系院方组织抢救。

2.进行安全报警。负责人在保证安全的前提下应立即向当地公安部门报案，并积极协助破案。报案时要实事求是报告事故发生的时间、地点、案情和经过，提供犯罪嫌疑人的特征，受害者的姓名、性别、伤势及损失物品的名称、数量、型号、特征等。

3.负责人要安定同学们的情绪，维护队伍秩序，提高大家的警惕性。力争使活动按行程计划进行，实在不行，则要组织大家安全返校。

(四)若因路滑，同学摔伤了怎么办?

1.迅速察看摔伤成员的伤势，如果情况轻微的，则可用备用的药品加以处理;如果摔伤严重，应及时把受伤同学送往就近医院进行医治，并配有同学予以照顾;

2.向大家说明情况，要求大家提高警惕性和注意力，谨防路滑，小心摔倒。

(五)如果登山过程中发生了火灾怎么办?

1.组织成员有序地就近取水，第一时间内把较小的火源扑灭;

2.及时报警119或者可以先向景区管理人员求助;

图 11-18　紧急处理方案需要考虑的问题（续）

10. 行程安排

活动总共需花费 7 天时间，其中包括往返车程所需时间，因此需要将行程规划清楚，将时间的每一分、每一秒都安排清楚，不在其他行程上花费过多时间，将时间最大限度地运用在旅游享受中。具体的时间规划如下。

（1）第 1 天：坐车到达目的地。

（2）第 2 天：游洱海、崇圣寺三塔、蝴蝶泉、南诏风情岛。

（3）第 3 天：登苍山、逛大理古城。

（4）第 4 天：大理到丽江 2 小时左右，下午游沐王府，晚上逛丽江古城。

（5）第 5 天：爬玉龙雪山，上午上山、下午下山。

（6）第 6 天：最后一个景点定为泸沽湖，距离最远。

（7）第 7 天：返程。

11. 活动评估

活动结束对整场活动进行评价，可以询问员工此次活动是否开心、中途是否有意外事故发生、面对突发情况是如何采取措施的，做好记录，以便下次开展活动的时候注意这些问题，做到万无一失。

第十二章

电商活动——提高产品销量受热捧

如今是互联网时代，也是信息时代，因为网络能将信息快速地传播到各个地方，电商也是由此兴起的一种新型的活动交易方式，人们可以通过电商平台完成购物，那么对于电商活动应该怎样进行策划呢？本章就带领大家全面了解电商活动的策划技巧。

本章主要内容包括：

- ➢ 全面了解电商活动
- ➢ 电商活动的策划要点
- ➢ “‘双十一’电商活动策划书”

12.1 全面了解电商活动

电商是电子商务的简称，也是在网上进行交易和服务的一种活动形式。电商是近些年发展速度较快的行业之一。科技的进步、网络的发达，是促进电商发展的条件。在以前，人们买东西只能通过去实体店才能实现，比如对于有些当地的特产，如果有需要就得跑到特产的生产地进行购买，或者托在那里办事的人带回来，这都是极不方便的。

随着移动互联网、信息化物流、电子金融等多方面的技术发展，一种新的商业模式应运而生，这就是电子商务。但不管是实体商务还是电子商务，追求利益都是第一要点，因此自然少不了营销活动。本节将为大家详解电商活动策划的相关技巧。

12.1.1 简述电商活动的现状

随着信息化的发展，互联网越来越普及，网上购物已经不再只是一种潮流，而是渐渐变成了人们的生活习惯。根据相关数据显示，我国的网购销售额将会稳定增长。

同时，随之增长的不仅有电商网购的受众，还有电商平台。更重要的是，网店的数量也在逐年上涨。越来越多的实体店铺和企业开始向电商转型，而且不只是在城市，乡镇地区的人们也开始习惯并喜欢网上购物。如图 12-1 所示为农村电商服务站。

常见的电商平台有唯品会、淘宝网等，如图 12-2 所示。

图 12-1　农村电商服务站

图 12-2　种类繁多的电商平台

除了网购的消费者和电商平台，网店的数量也在逐年上涨。开网店的低门槛让越来越多的人向电商方面投资发展，一些有地方特色产品的乡镇农村也在政府的支持下进入了电商领域。如图 12-3 所示为农产品网店。

图 12-3　农产品网店

只要有商业活动，就会有营销。电商发展的势头如此之好，对于营销活动的需求势必也会越来越大。

12.1.2　知晓电商活动的类型

营销活动集推广、传播和销售于一体，与立足于互联网的电商的契合度非常高，而随着电商的快速发展，电商营销活动也衍生出很多类型。常见的主要有 6 种类型，分别是促销活动、优惠活动、抢购活动、联动活动、专题活动和调查活动。下面具体讲解这 6 种常见的电商营销活动。

1. 促销活动

促销活动的形式很简单，一般直接以商品打折或降价为活动主题，其目的一般是快速处理掉商品。所以这种类型的活动常出现于商品在时间上不易持续保留卖点的电商行业中，如食品和服装，如图 12-4 所示。

图 12-4　新品促销活动

2. 优惠活动

优惠活动中的“优惠”内容一般针对特定人群，因为优惠并不会直接无条件地送出，只有满足一定条件才能获得优惠。

优惠活动的目的可以有多种：促进销售，增加盈利；回馈顾客，提高黏性；吸引新客户，扩宽客流。因此优惠活动的形式也有很多，比如满足消费条件就打折，根据消费金额直接减相应支付金额，会员客户享受特别优惠，等等。

3. 抢购活动

抢购活动通常的形式是在一定的时间内低价销售热门商品，其活动目的主要是盈利。用抢购的方式，将有限优惠作为点燃消费者购买欲望的诱因，以此来获得最大化的利润，如图 12-5 所示。

图 12-5　电商抢购活动

4. 联动活动

联动活动的形式一般是两家以上的品牌进行联合销售，它们可以是同行业但产品特点不同的品牌，也可以是关联行业的品牌。联动活动的目的主要是借助多家品牌的集合，用多样选择来吸引消费者，以此扩大品牌影响力，如图 12-6 所示。

图 12-6　电商联动活动

5. 专题活动

专题活动通常以活动主题来吸引消费者，而该主题通常是重要节日或时事热点，活动形式围绕活动主题展开。例如，妇女节的专题活动就可以将大奖设置为 3.8 折的热门商品。专题活动的目的不需要根据活动主题变化，可以随主办方需求而定，但通常为了充分利用节日期间人们的消费热情，以节日为专题的活动其目的一般是盈利，如图 12-7 所示。

图 12-7　电商专题活动

6. 调查活动

调查活动一般的形式是将品牌产品或网店特色产品作为奖品，以此来吸引消费者填写问卷，既获得了消费者的反馈信息，又在无形之中宣传了品牌。调查活动的目的是调研消费者的相关信息，为电商接下来的活动做准备。如图 12-8 所示为某网店的问卷调查活动。

图 12-8　电商调查活动

12.1.3 电商活动的文案作用

文案在任何营销活动中都起着重要而关键的作用，对于电商营销活动也不例外。没有文案的营销就像失去血肉的骨架，失去叶片的枯枝，让人不忍直视。所以策划人员在进行电商营销活动的策划时，一定要重视文案的作用。文案对电商营销活动的作用主要表现在宣传方面。下面具体分析文案在电商营销活动中的宣传作用。

宣传工作一直是文案的主场，文案在电商营销活动的宣传工作中起着重要的作用。详细清晰地介绍电商营销活动的信息很重要，但文案在宣传中的作用不止于此，文案还要使得受到宣传的受众能对活动产生兴趣，甚至想要来参加活动。要做到这一点，可以从 3 个方面出发制作文案，具体表现为展示亮点、直明利益和文字游戏。

首先，展示亮点就是文案将活动本身独特或者稀有的优势展示出来，以此为活动吸引受众。如图 12-9 所示，该电商营销活动文案突出健康这一亮点，极具吸引力。

图 12-9　展示亮点的文案

其次，电商营销活动的文案还可以从直接说明利益方面来吸引受众，因为利益始终是最能吸引人的因素。如图 12-10 所示，该文案直明利益，全场 5 折。

图 12-10　直明利益的文案

最后，电商营销活动文案还可以运用文字游戏的手法，通过极具诱惑力的文字来吸引受众。

如图 12-11 所示，该活动宣传文案中的“买一送一”十分吸引眼球，多数人看到这样的信息会不假思索地认为是买一件商品，赠送一件同样的商品，但其实宣传文案中并没有给出完整的解释和说明，需要受众到活动中一探究竟。

图 12-11　文字游戏的文案

12.2 电商活动的策划要点

电商营销活动由于主要是在互联网上进行，所以除了一般营销活动常见的问题，还有如下需要特别注意的几个要点：

- 提前宣传。
- 了解需求。
- 创新设计。

接下来对上述 3 个要点进行详细解读。

12.2.1 提前宣传是重点要素

提前宣传是活动前期工作的重点之一，而对于电商营销活动来说，这一点尤为重要。电商营销活动策划者要做好活动的前期宣传工作，需要从如下 3 个方面出发，即吸引力强、宣传面广和深入人心。

首先，活动的提前宣传要具有足够的吸引力，电商营销活动提前宣传的目的就是帮助活动引流，因此提前宣传一定要能为活动吸引人流。关于这一点，可以充分运用文案的作用，为提前宣传增加吸引力，如图 12-12 所示。

图 12-12　房地产营销活动宣传文案

然后，活动的提前宣传范围必须要广。既然提前宣传是为了帮助活动引流，那么在多个平台多渠道的引流肯定比死守一个引流渠道要好。对大多数消费者而言，因为消费能力和消费需求有限，他们通常只会参加一次或两次同一时间段的电商活动，而电商营销活动的主要目的一般是盈利，这时广泛宣传，吸引更多的消费者，对提高电商营销活动的收益就能起到很大的帮助。电商活动常用的几种推广方式如下。

1. 善用广告

广告推广在电商活动中是最常见的一种方式，广告的宗旨是让更多人知道这个消息，但是广告中需要注意语言的应用，广告语不能太过烦琐，语言应该简洁、明了，突出活动重点，否则只会让消费者疲倦、厌烦。如图 12-13 所示为某网店口红产品的宣传语“新宠闪耀，神仙口红”，简洁明了，突出了活动产品的特点。

图 12-13　广告宣传推广

2. 投放网站

有些商家会通过付费的方式，将自己的产品放在电商网站的首页进行宣传，吸引他人注意，从而达到活动目的。如图 12-14 所示，某品牌将自己的商品放在淘宝官网的中心位置，消费者只要一进网站就能看到该商品信息。

图 12-14　网站投放推广

3. 发起微博话题

商家还可以用微博发起相关话题，借助网友的力量进行宣传，将活动气氛活跃起来。如图 12-15 所示为某些商家为活动宣传在微博上发起的话题，只要参与话题互动，即可赢奖品送大礼。

图 12-15　微博话题互动活动

4. 微信公众号推广

电商活动还可以利用微信公众号进行相关宣传和推广，现在几乎每一个人都会使用微信，公众号的影响力也是十分强大的。如图 12–16 所示为香坊苏宁易购在公众号上发布新品迎国庆的活动信息。

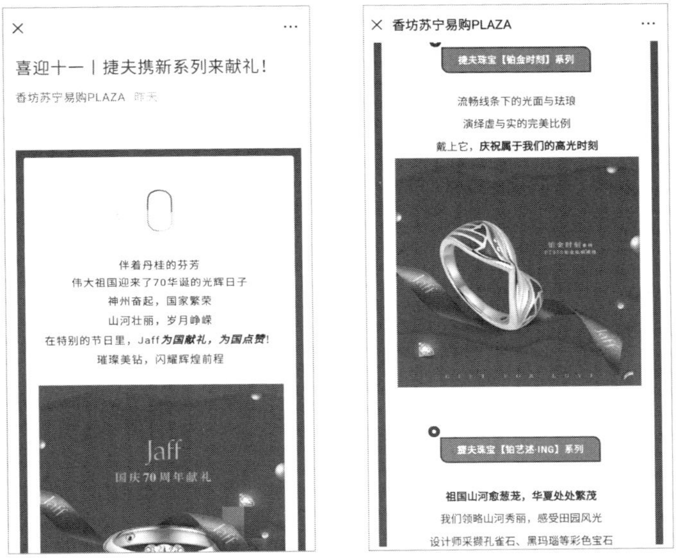

图 12–16　借助微信公众号宣传的电商活动

通过转发量和评论量可以看出这种活动的宣传效果还是很不错的，很多人关注活动，为活动的成功奠定了良好基础。

最后，活动的提前宣传最好做到深入人心，因为互联网用户拥有很高的自主选择权，电商营销活动就不可能像人们家门口门店的营销活动一样，让人时刻感受到。电商营销活动的提前宣传如果能深入人心，那么不仅能让互联网用户在有需求时首先想到活动，还能在一定程度上为日后的活动积累人气。

12.2.2　满足需求是核心目标

互联网上的活动的一大特点就是活动参与者拥有极高的自主性，他们在参加活动时几乎不受外界影响，也可以自主地选择获取信息。

这就使得电商营销活动参与者在参加活动时可以随时进入活动，也可以很容易地离开，所以需要活动主办方十分了解目标受众的需求，因为受众的需求得不到满足的时候，往往就是他们离开活动的时候。了解受众需求，主要有两个方面，相关分析如图 12−17 所示。

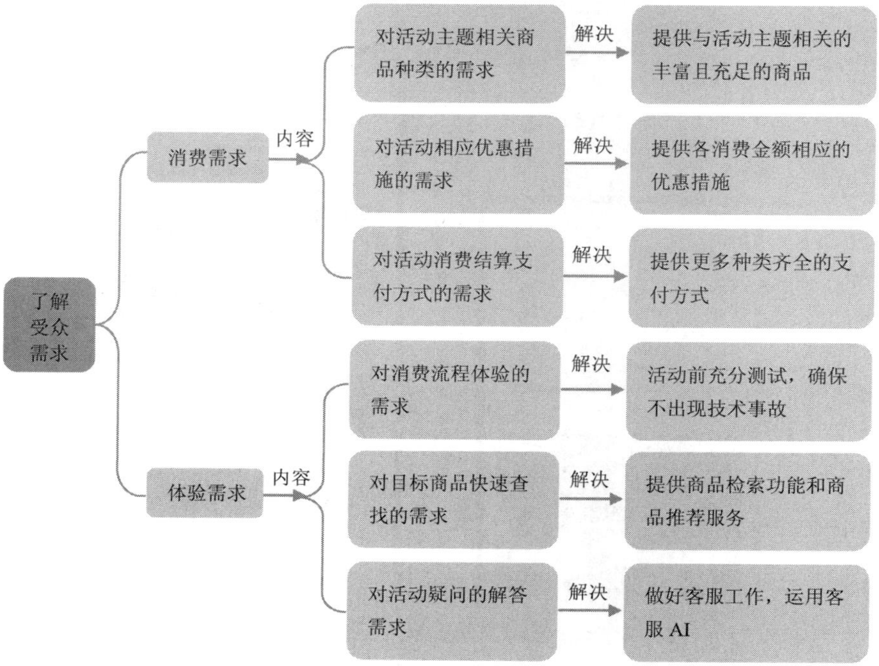

图 12−17　了解受众需求的相关分析

12.2.3　创新设计是成功之梯

创新是活动成功的催化剂，在策划电商营销活动时，活动策划者需要注重创新设计活动，合理的创新设计不仅能让策划的电商营销活动事半功倍，还能为活动带来意想不到的收获。要对电商营销活动进行创新，可以从以下 3 个方面出发。

- 观念创新。
- 环节创新。
- 模式创新。

接下来就详细讲解这 3 个方面。

1. 观念创新

当下社会，概念包装变得十分流行，任何东西都倾向于往“高大上”的方向上靠，如图 12-18 所示。

图 12-18 “高大上”的茶广告

这些“高大上”的概念包装就是观念的创新，创新人们固有的观念，让产品被人们重新认识，增加产品的新鲜感。电商营销活动也可以将人们对消费、购物、促销等行为的传统观念进行创新。

电商营销活动策划者在创新电商营销活动的观念时，可以将购物与时尚结合起来，提出“时尚购物”的观念来吸引受众参加活动，如图 12-19 所示。

图 12-19 时尚购物观念宣传

2. 环节创新

环节创新是电商营销活动创新的重要一环，也是电商营销活动创新最好入手的一方面。电商营销活动策划者在进行环节创新时可以将一些新技术或新元素融入活动环节中实现创新。

例如，电商营销活动的结算支付环节就可以引入近来兴起的网上贷款和网上金融服务，让消费者可以不用担心资金不足，尽情地享受活动，如图 12-20 所示。

图 12-20　贷款分期购物

3. 模式创新

电商营销活动模式的创新对活动效果的影响十分大，合适的模式创新可以增加活动新鲜感、解决活动的问题、促进活动成功，但不适合的模式创新也会使活动的收益大打折扣，所以电商营销活动策划者在创新活动模式时需谨慎，最好从解决问题的角度来创新活动模式，而不要只是为了创新而创新。

一年一度的大型电商营销活动“双十二”就是一个很值得电商营销活动策划者在进行活动模式创新时借鉴参考的例子，如图 12-21 所示。

“双十二”电商营销活动对活动模式的创新之处就在于其一改以往电商平台先决定降价打折的幅度和活动商品的种类，受众再参加活动选择需要的商品这一模式。“双十二”电商营销活动创造性地让活动受众去选择他们有需求的商品加入活动商品之中，受众还可以提出对该商品的优惠建议。这样的创新不仅满足了受众的需求，还增加了受众对活动的参与度，大大提高了受众参与活动的积极性。

图 12-21 “双十二”电商营销活动

12.2.4 善用活动的策划技巧

电商营销活动可谓目前互联网上出现最为频繁的活动，而许多其他类型的活动，如众筹活动、团购活动等，其本质目的也和电商营销活动一样是盈利。在众多同质化的活动信息的“轰炸”下，部分互联网用户对营销活动难免产生抵触心理。

这时就需要电商营销活动策划者运用一些技巧手段来化解难题。下面介绍 3 种常用的电商营销活动策划技巧。

1. 折扣优惠

折扣优惠是策划电商活动时常用的技巧之一，利益的诱惑最直接也最有效，特别是没有任何附加条件的折扣优惠就更具诱惑力。

电商活动策划者在设置优惠内容时，可以运用一元钱策略。一元钱策略利用的是人心理感受的差异，99 元和 100 元明明只相差一元钱，但多数人的第一感受会将它们划为两个价位。

电商活动策划者在制订电商营销活动的优惠价格时可以多使用一元钱策

略，并配上“仅售”“只要”“只需”等文字修饰，如此往往可以使优惠力度显得非常大，如图 12-22 所示。

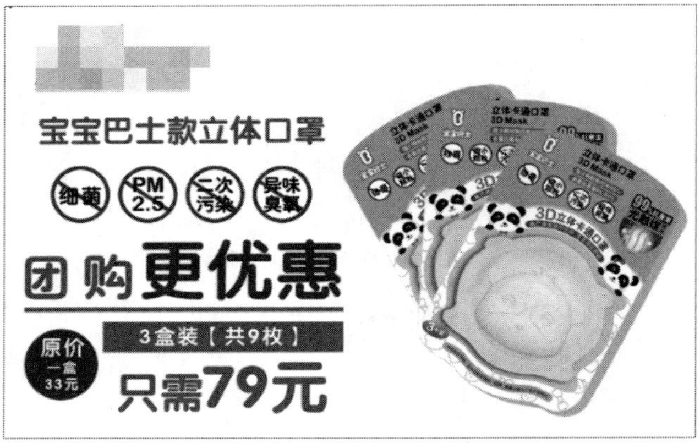

图 12-22　一元钱策略

2. 满足个性

频繁的电商活动会引起一部分人的反感，但并不是因为活动信息像山寨页游广告一样会主动弹窗，占据视野，然后强行宣传。相反，很多电商活动的网页广告色彩并不明显，甚至还在页面的边缘，如图 12-23 所示。

图 12-23　页面边缘的电商广告

电商活动引起部分人反感的原因，是这些活动往往不能满足受活动信息宣传吸引而来的这部分人的个性化需求，这些需求有的是对某种商品的需求，有的是对商品类型的需求，有的甚至只是对商品颜色的需求。

因此，电商活动的商品不仅要种类丰富，还要能满足受众的个性化需求，如果商品确实无法满足，那么活动最好可以提供替代产品或解决方案。

比如，在一次科技产品电商活动中受众看中某一款手机，但该手机没有该受众想要的颜色，这时就可以向其推荐该手机配套的不同颜色的手机壳，以此来满足该受众对手机颜色的个性化需求。

3. 传播概念

传播概念是电商活动策划中的一个进阶技巧，它的运用虽比前两个技巧更需注意细节，但可以带来的成效也更明显。概念传播可以让电商活动得到定期举办的可能，也能让活动与某些意义联系起来，显得更有价值。

比较成功的传播概念的活动案例有巧克力的情人节营销活动。节日与营销活动很早就联系在一起了，一过节就会出现各种营销活动已经成为常态，但情人节的营销活动在各节日的营销活动中显得有些特别，因为情人节似乎已经和巧克力联系在一起了，情人节也是巧克力商家营销的高峰期。

情人节不算新兴节日，它在西方已经有了上千年的历史，它与玫瑰花紧密相连，但近些年的情人节又多了一项新活动，就是情侣或者男女之间互送巧克力，这种行为在情人节的起源中找不到依据，也与我国的文化传统无关，但“情人节送巧克力”这一概念不知不觉就被传播开来了。

电商营销活动领域相类似的就是以“双十一”为首的各类网购狂欢节，如图 12-24 所示。

图 12-24 各类电商狂欢节

图 12-24　各类电商狂欢节（续）

12.3　“‘双十一’电商活动策划书”

下面就来拟定一份关于电商活动的活动策划书，以“‘双十一’电商活动策划书”为例。

1. 前言

“双十一”是指每年 11 月 11 日网络促销日。以前 11 月 11 日只是我们生活中的普通日子，后来在网上购物的人越来越多，在 2009 年 11 月 11 日的一场网络促销活动中，当时商家的数量还是有限的，并没有进行大量宣传，但当天的活动效果所带来的营业额却是惊人的，因此就将这一天定为网络促销活动的固定日期，直到现在，这一天的营销活动已经成为电商平台的一大盛事。

2. 活动背景

一年一度的“双十一”又将到来，这一天与其他日子相比有些特殊，很多电商平台和网站都会借这一天来开展一些大规模的促销活动，以此来提升销售业绩，增加营业额。

3. 活动主题

狂欢“双十一”，购物不要停。

4. 活动目的

利用“双十一”活动吸引消费者、增加产品销售量、推广自身品牌，从而在消费者心里建立良好形象。

5. 活动时间

活动时间定为 2019 年 11 月 11 日前后。

6. 活动内容

（1）装饰店面：对店面首页进行装饰，营造“双十一”促销氛围，配上活动宣传文案，调动消费者的购买欲望，如图 12-25 所示。

图 12-25　某网店的店铺装饰页面

（2）促销方式：活动的促销方式一般有很多种，对于这种大规模的促销活动，可以将多种方式结合在一起，常见的有以下几种，如图 12-26 所示。

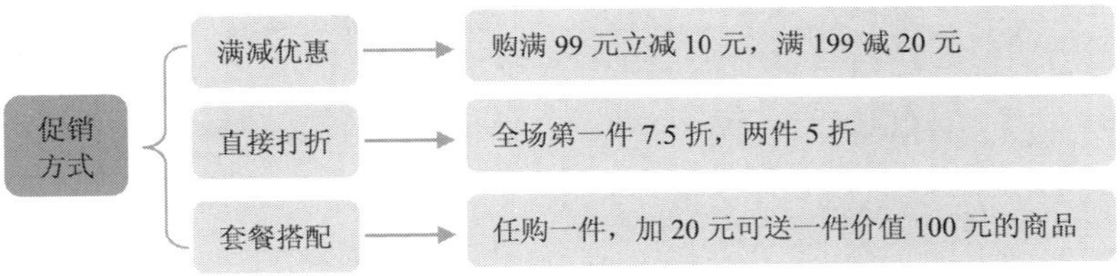

图 12-26　常见的促销方式

7. 活动对象

活动对象在活动中起着决定性的作用，因为活动目的本身就是吸引消费者，提升销售业绩，所以只有确定好活动对象，才能保证活动最有效地开展，在活动对象的选择上有如下两点需要注意。

（1）根据商品选择对象：选择并购买商品的人都是有需要的顾客，商品直接确定了活动对象。

（2）确定目标消费群：针对目标人群传播有效信息，只有这样活动才会有成效，否则方向不对，即使方法再有用也无济于事。

8. 客服管理

客服在电商活动中一直占据着重要的位置，因为顾客在选择商品时都是直接和客服进行沟通的，所以客服的每一句话都会直接影响顾客是否下单。关于客服管理的几个要点如下。

（1）设置自动回复：对于顾客常见的问题的回答可以在自动回复中进行设置，这样即使有时客服忙不过来，也能让顾客对想问的问题自主进行选择，从而节省顾客的时间，如图 12-27 所示。

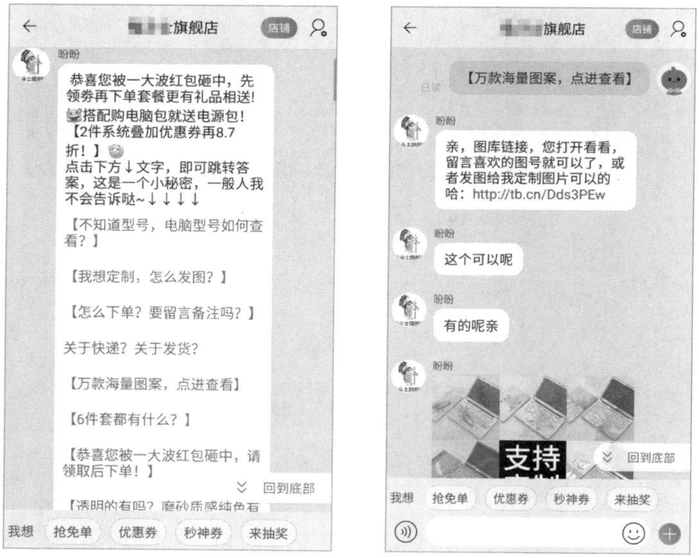

图 12-27　客服管理中的自动回复

（2）良好的服务态度：客服的职责就是负责为顾客解答疑问和提高顾客的满意度，而满意度取决于在这个过程中顾客是否感到舒适。一般而言，客服人员的良好的服务态度会让顾客感到舒适，比如亲切的话语、及时回复消息等，如图 12-28 所示。

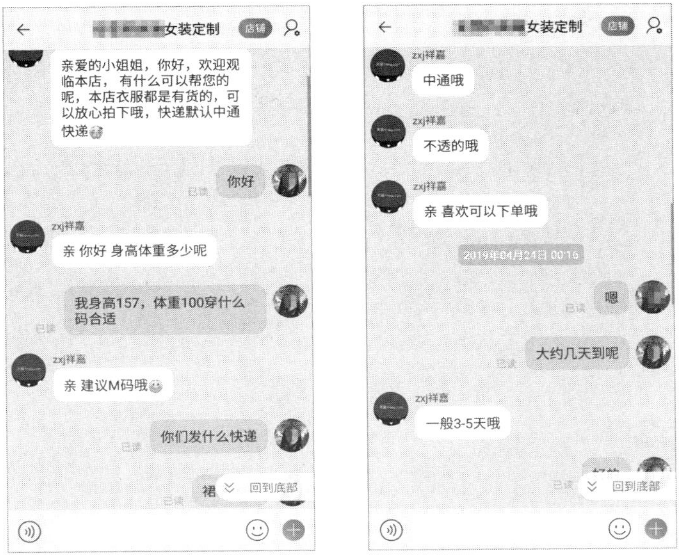

图 12-28　客服人员的良好的服务态度

9. 物流选择

“双十一”是规模比较大的促销活动，活动策划人员在活动之前就应该选好合适的物流公司合作，以免因为发货速度慢影响店铺的评分。在物流选择上应从价格和发货速度两个方面进行考虑，具体分析如下。

（1）合适的价格：物流运输需要成本，对商家而言，只有成本越低利润才会越高。因此在物流选择上，商家需要对比价格然后进行选择。

（2）物流速度快：物流速度会直接影响店铺的口碑，因为对顾客而言，准时收到货是很重要的，如果因物流速度慢而导致收货时间延长，那么急需商品的顾客肯定会生气，甚至直接退款，造成交易失败的后果。

10. 售后评价

电商活动与其他活动不一样的是，电商活动的售后对活动也有着至关重要的影响，在客户收到货后并非意味着活动结束了，而是还需要及时追踪客户对商品的体验情况，比如对商品是否满意，发货速度是否迅速，等等，具体分析如下。

（1）商品的满意度：在顾客收到货后利用红包返现的方式，吸引顾客对商品给出好评。好的评价可以为店铺提升口碑，还可以供其他顾客参考，加快成单的速度。相反，差评会直接影响店铺的形象。因此在对待差评上商家需要考虑如何及时解决顾客提出的问题，在顾客对商品不满意的情况下，也要及时为顾客处理退货问题，不能置之不理，如图 12–29 所示。

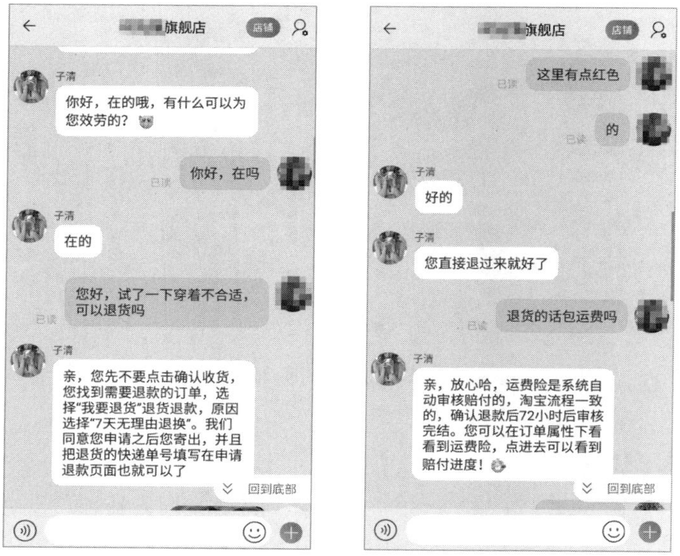

图 12–29　商家及时为顾客处理退货问题

（2）发货速度：除了对商品的满意度，商家的发货速度也是顾客进行评价时考量的一个因素，有些商家会将商品提前打包，顾客下单后就能直接发货，从而让顾客可以更快地收到货。

第十三章

新媒体活动——刷屏活动传播好品牌

新媒体已经逐渐成为时代发展的一种趋势，各种各样的媒体平台也是层出不穷。不少品牌与企业决定跟上时代的步伐，纷纷开始利用新媒体做起活动来。本章就从了解新媒体的概念和类型全面认识新媒体活动。

本章主要内容包括：

- 新媒体活动的概念
- 如何策划微信公众号活动
- “‘明日之星’投票活动策划书”
- “‘谢谢 ××，我想对你说’留言征集活动策划书”

13.1 新媒体活动的概念

新媒体是一种新的技术支撑体系下出现的媒体形态。它不同于传统媒体，传统媒体有四大类，分别是报纸、广播、电视、户外，而新媒体则包括手机短信、移动电视、触摸媒体和数字电影等。因此，新媒体也被称为“第五大媒体”。

新媒体的概念比较广泛，它是利用网络技术和数字技术，通过互联网、无线电信网、卫星等终端，为用户提供信息和娱乐的一种传播形态。

13.1.1 划分新媒体活动

新媒体活动的类型繁多，因为它的体现形式不一样，所以也会划分为多种类型。下面就来详细地了解新媒体活动的类型。

手机媒体现在是生活中最常见的一种新媒体形式，因为在当今社会几乎人手一部手机，人们可以出门不带钱，但绝对不可以出门不带手机，这说明手机的重要性，很多新媒体活动也可以通过手机来进行，如下所示。

（1）微博活动：微博是手机上的一种社交软件，很多商家也会利用这种软件在上面发布活动信息，如图 13-1 所示。

（2）微信朋友圈活动：微信也是近些年比较火热的一款社交软件，据研究数据表明，至今我国的微信用户已经超过 7.5 亿人，因此也有不少人利用微信朋友圈做活动，如图 13-2 所示。

图 13-1 微博话题活动

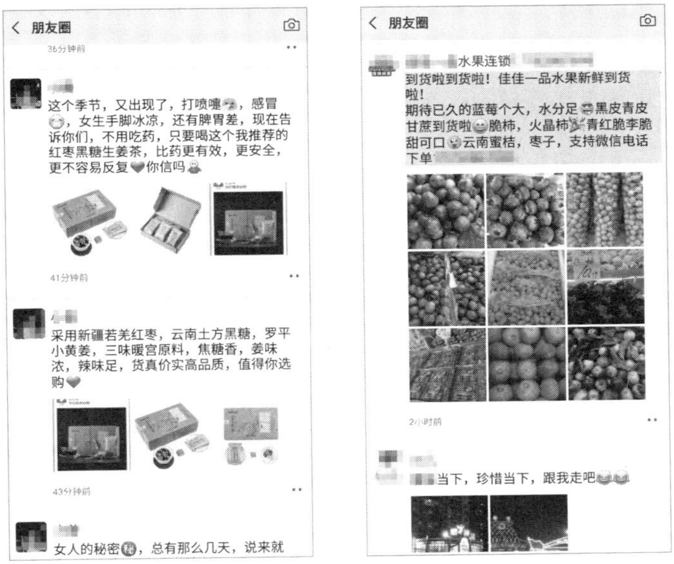

图 13-2 微信朋友圈活动

（3）微信公众号活动：公众号是新媒体的一种新形式，利用公众号人们可以申请账号并编辑文章以此来获得粉丝关注，公众号的内容丰富多样，因此人们也可以选择自己感兴趣的内容进行关注，如图 13-3 所示。

图 13-3　微信公众号活动

（4）多平台推广：多平台宣传推广活动主要在两个或两个以上的平台进行，通过多个不同类型平台之间的信息活动交换使宣传推广效果得到成倍放大。一般常见的有直播平台、视频平台、音频平台和自媒体平台等。

13.1.2　新媒体的信息传播形式

对于新媒体活动而言，文案的作用相对来说就没有其他活动中的那么重要和明显，因为新媒体平台综合了多种信息传播形式，可以综合运用文字、语音、图片、视频等多种不同的承载媒介方式去表现信息，而单纯的文字的直观表现力是最差的。

例如，现在新媒体平台中较为火热的新浪微博，其热门榜上的微博中几乎没有一条是完全以文字为内容的，如图 13-4 所示。

然而文字作为人类使用时间最长的一种信息载体，还是有着其不可替代的优势的，所以在新媒体活动中，文案仍然发挥着作用。

（1）表现主题：任何活动都有一定的目的，为了实现这个目的，活动策划团队需要一个东西来指导他们与活动参与各方协同完成活动，这个东西既可以是活动的目的，也可以是活动内容的中心，人们通常称这个东西为活动的主题。

对活动主题的准确表达是文案在新媒体活动中的一项重要作用，虽然新媒体活动可用的信息表现载体非常多，但图片、视频、语音等载体可传达的信息过于丰富，不同的人根据自己不同的人生经验对同一张图片、同一个视频或同一段语音都可能产生不同的理解。

（2）浓缩标题：标题文字是微信用户在查看推送信息时首先接收到的信息，所以标题的作用至关重要，标题一定要足够吸引人。其吸引力可以表现在标题本身的诱惑上，也可以表现在信息内容的精彩上。对于微信公众号活动的推送信息来说，其内容就是活动的内容，推送信息的标题只需将活动内容中最吸引人的部分浓缩地展现出来即可。浓缩内容正是文案的拿手好戏，如图 13-5 所示。

在微信公众号活动中，介绍活动详情的文案可以不必太简短，但语言一定要简练。因为文案是微信推送信息的主要形式，所以微信用户对于有一点阅读量的活动介绍信息不会太反感，但对这种纯说明性质的文章，微信用户可能很难再阅读第二次。因此，在文案中一定要将活动的参与条件、具体内容、起止时间、注意事项等内容有条理地介绍清楚。

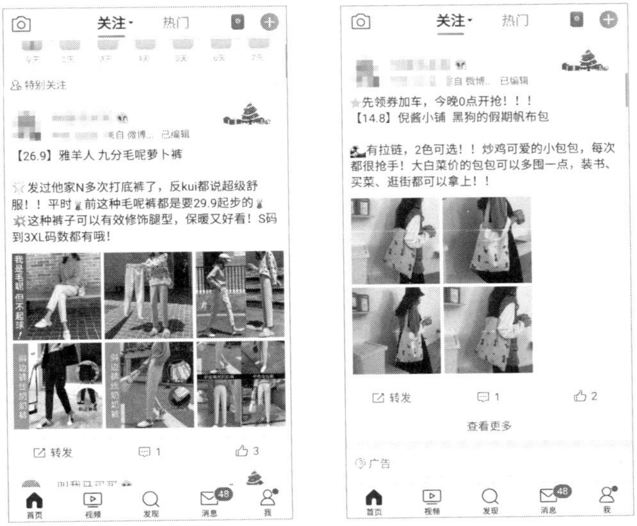

图 13-4　图文结合的表现形式

图 13-5　浓缩的信息标题

13.2　如何策划微信公众号活动

活动策划者在策划微信公众号活动时，需要与之前策划的微信公众号活动有所区别，千万不要都是同样的形式，否则很容易降低微信用户的新鲜感与参与感。

由此，活动策划者需要策划不同类型的活动内容，或者用不同的方式将活动内容展示出来。下面就带大家来理解微信公众号活动的展现方式。

13.2.1　图文并茂

图文并茂一直是活动展现形式的基本要求，不管是线上活动还是线下活动，精彩的文案与美丽的图片的结合都会相得益彰，微信公众号活动也是如此，图文结合能使整个活动宣传文章给阅读受众一种舒适感，让阅读活动宣传文章的微信用户更愿意加入活动。

此外，微信公众号活动的宣传文章中的图片不仅只有视觉美化这一作用，还可以作为文字信息的说明补充或者活动内容的展示。如图 13-6 所示为某景区在微信公众号中的汉服活动的宣传文章，文章配以景区参观者身穿汉服的图片，不仅让人感受到汉服之美，也能体现汉服所带来的仪式感。

图 13-6　某景区在微信公众号中的配图文章

13.2.2　借助热点

微信公众号平台功能强大，活动策划者很容易在上面发布活动，微信用户也可以直接在上面报名参与活动，如图 13-7 所示。

如此便利的活动发布与参与功能将会给微信公众号平台上的活动进行状况带来巨大的影响，微信公众号平台功能强大、齐全，使微信公众平台活动容易举办，同时微信公众号上的活动也比较容易参加，因此就会导致大量的活动出现，同类活动竞争也会比较激烈，一般的方法有创新形式和内容以及借势明星或热点两种。

由上述分析可以看出，微信公众号活动要增加竞争力可以从创新和借势两个方面出发，但由于创新形式和内容需花费大量的时间和精力去探索，并且有不成功的风险，所以大部分微信公众号活动采取借势明星或热点的方式来提升竞争力，如图 13-8 所示。

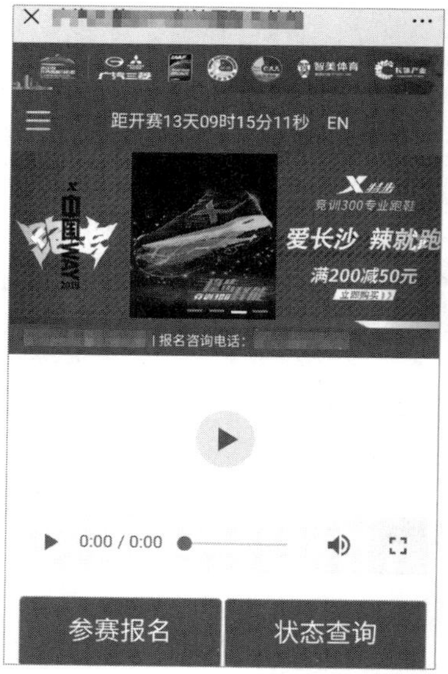

图 13-7　微信公众号活动报名入口

图 13-8　某公众号借势明星的宣传标题

13.2.3 策划技巧

对于企业微信公众号来说，需要以“内容为王”的态度，为关注企业微信公众号的微信用户带来有价值、他们感兴趣的内容。由此，微信公众号上的活动也需要让微信用户有兴趣才行。

那么该如何让微信公众号活动具有吸引微信用户的能力呢？下面介绍 3 个小技巧。

1. 有亮点

有亮点就是在策划微信公众号活动时在活动内容中加入独特的内容，这些内容是在其他微信公众号活动中很少见到的，甚至是在其他微信公众号活动中根本就没有出现过的事物，这些内容称为“亮点”。有“亮点”的活动在第一印象上就给目标活动受众一种“这个活动比其他活动更值得参与”的感觉，并且能持续吸引对亮点内容产生兴趣的受众。

为活动营造亮点并非难事，亮点可以是很多东西。“亮点”的选择需根据微信公众号活动的目标受众群体来决定，如果目标群体是年龄层较低的年轻人，就可以选择将“玩得嗨”一词作为“亮点”，如图 13-9 所示。

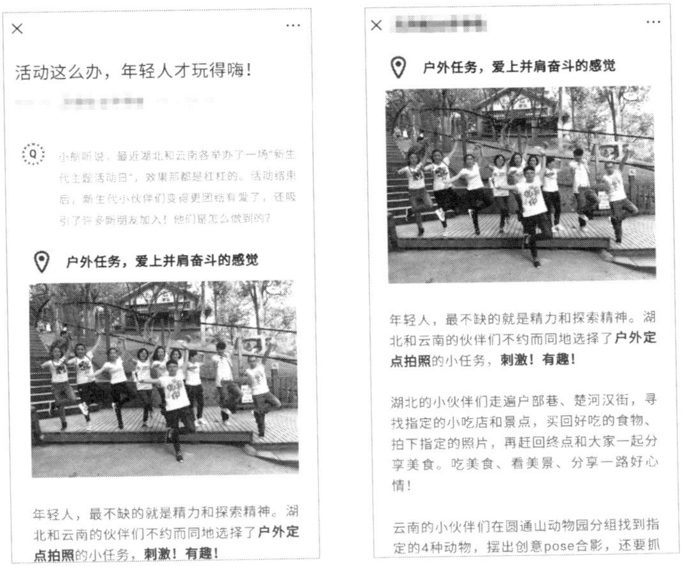

图 13-9 直接突出亮点的活动

2. 有意义

所谓“有意义”就是在微信公众号活动中加入某些内在含义、某种价值或某个目标，让该微信公众号活动看上去比其他微信公众号活动更有价值，以此来吸引微信用户响应活动、参与活动和宣传活动。

微信公众号活动的意义是被赋予的，否则活动就只有盈利和宣传两个终极目标。要赋予微信公众号活动的意义可以是多种多样的，但一定不要与主流的价值观念相悖，因为赋予微信公众号活动的意义的目的是迎合受众，使活动得到目标受众的认可，并且被大多数普通受众肯定，以此吸引他们参加。

对活动意义进行错误的选择不仅得不到目标受众的认可，还会使他们和大多数受众一样产生厌恶，严重的还会使活动无法进行。由于活动意义的选择不当而使活动受阻，对微信公众号活动策划者来说应当极力避免这种情况发生。

通常微信公众号活动会选取赋予的意义有 3 个，即公益爱心、健康运动和品牌文化。这 3 个意义所指向的目标受众、所起到的作用和所运用的策略都有各自的不同之处，正是这些不同让活动有了更大的附加价值和更加丰富的形式。

下面就以上述 3 个常见意义为例，具体分析微信公众号活动中活动意义的表现和作用，如图 13-10 所示。

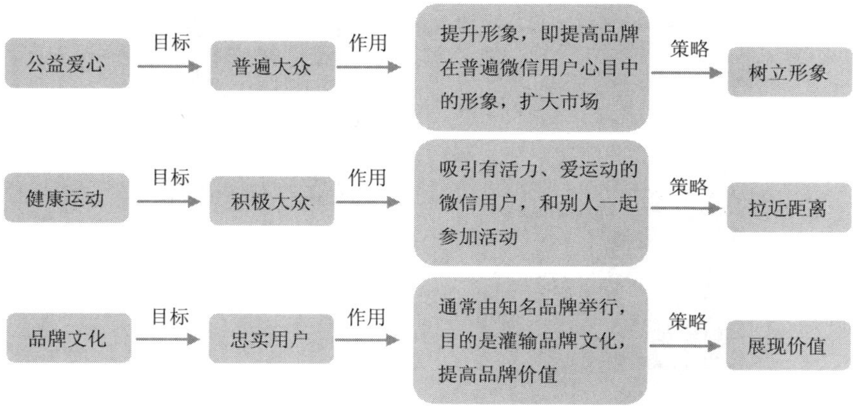

图 13-10　微信公众号活动意义的分析

3. 有福利

微信公众号活动中的“福利”就是指活动中可以提供给活动参与受众的

利益内容，通常出现在各类微信公众号转发活动和抽奖活动中，如图 13-11 所示。

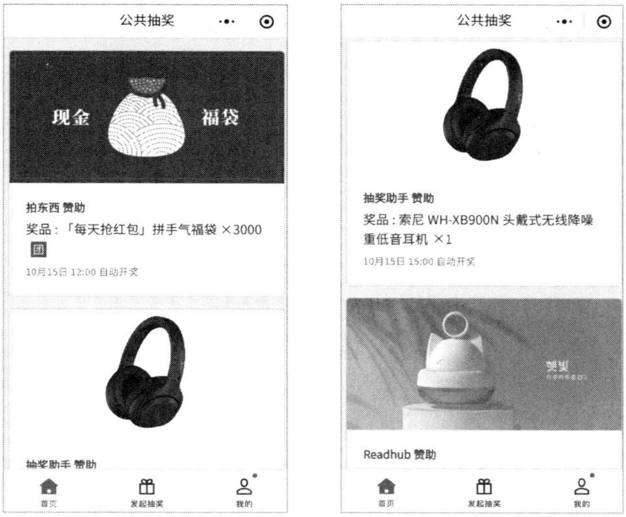

图 13-11　微信公众号抽奖活动

微信公众号中的福利内容可以显著地提高活动的参与度，对于某些对参与度有较高要求的活动，比如微信公众号问卷调查活动，也可以在该活动中添加相关的奖励内容，如图 13-12 所示。

图 13-12　微信公众号问卷调查活动

微信公众号中的福利内容吸引微信用户参加活动的作用十分明显，其让活动可以在短期内快速实现宣传目标，是微信公众号营销活动最常使用的一种技巧。

13.3 “‘明日之星’投票活动策划书”

1. 活动背景

孩子是上天恩赐的礼物，他们承载着下一代的希望，×× 儿童品牌服装旗舰店为寻找代言人，因此在微信公众号发起此次全民选举的投票活动。

2. 活动目的

寻找最佳代言人为品牌代言，宣传品牌推广、吸引关注度、扩大影响力。

3. 活动主题

活动主题可以直接将活动内容结合在一起，但又要做到使人耳目一新，因此活动主题为“只要你来，明日之星就是你”。

4. 投票时间

2020 年 3 月 16 日 ~3 月 22 日（一个星期的投票时间，截至 3 月 22 日晚上 12:00）。

5. 活动宣传

每一场活动成功的关键与宣传有关，因此选择宣传方式很重要，比如借助朋友圈或微信公众号来宣传。

6. 活动对象

活动对象为 3 ～ 10 岁有才艺的小朋友。

7. 投票方式

（1）投票者需关注微信公众号的二维码后选择“我要投票”即可参与。

（2）点击“原文阅读”选择在线投票。

8. 奖项设置

（1）第一名，1 人，获得形象代言人资格，奖金 1 万元。

（2）第二名，1 人，奖金 2888 元 + 品牌私人定制服装一套。

（3）第三名，1 人，品牌私人定制服装一套 + 儿童电动车一辆或精美芭比娃娃礼盒套装一份。

9. 活动参与方式

（1）上传宝贝照片一张 + 文字说明介绍（包括姓名、才艺、性格等，字数不超过 100 字），如图 13-13 所示。

（2）上传宝贝才艺展示视频，时间不超过 3 分钟。

图 13-13　宝贝照片示范

10. 注意事项

（1）活动本着公平竞争的原则，参赛者不得要求他人退赛，如有发现，则取消参赛资格。

（2）参赛平台的照片应保持清晰，若因此影响评选结果，则责任自主承担。

（3）投票时间为 2020 年 3 月 16 日早上 7:30 至 2020 年 3 月 22 日晚

上 12:00，每人一天可投两票，投票结果于 2020 年 3 月 23 日上午 10:30 公布，公布方式如图 13-14 所示。

图 13-14　公布投票结果

13.4 “‘谢谢 ××，我想对你说’留言征集活动策划书”

1. 前言

感恩是中国的传统美德，因为只有懂得感恩的人才会发现生活的美好，用一种积极乐观的心态去面对生活。“感恩节”是西方国家的传统节日，在 20 世纪 40 年代，美国国会将每年 11 月的第 4 个星期四定为感恩节。随着受西方国家的影响，国外一些比较流行的节日也开始在中国盛行起来，比如情人节、圣诞节、感恩节等，如图 13-15 所示。

2. 活动背景

在中国古代就一直倡导感恩，如“滴水之恩，当涌泉相报”“结草衔环”“以恩报德”“知恩图报”等，因此随着感恩节的即将到来，借此机会开展以感恩为主题的留言征集活动。

图 13-15　感恩节

3. 活动目的

弘扬中华传统美德，学会感恩、学会珍惜，善于发现生活中的美；推广企业微信公众号。

4. 活动主题

本次活动以留言征集为主，主要是对生活中曾给予自己帮助的人说出感谢的话，所以主题为“谢谢 ××，我想对你说”。

5. 活动时间

征集活动一般在活动前提前开展，因此此次活动时间为 2019 年 11 月 18 日 ~2019 年 11 月 24 日，时间为一个星期。

6. 活动对象

关注 ×× 微信公众号即可参与，不限年龄、不限身份，只要你有想表达感恩的对象，即可写下你想说的话。

7. 活动宣传

活动宣传方式有微信公众号后台直接推送和文章推送等，如图 13-16 所示。

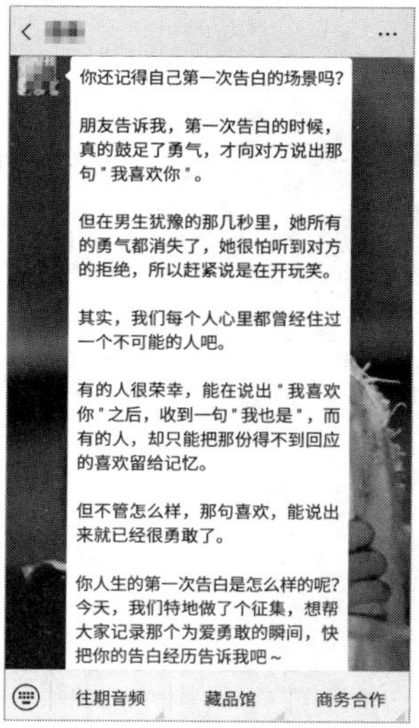

图 13-16　微信公众号后台直接推送

8. 征集内容

（1）写下你想对某人说的心里话，简单的一两句也可以。

（2）讲述你们之间的一段小故事，比如对方是怎样帮助你的，对你造成了什么影响等等，如图 13-17 所示。

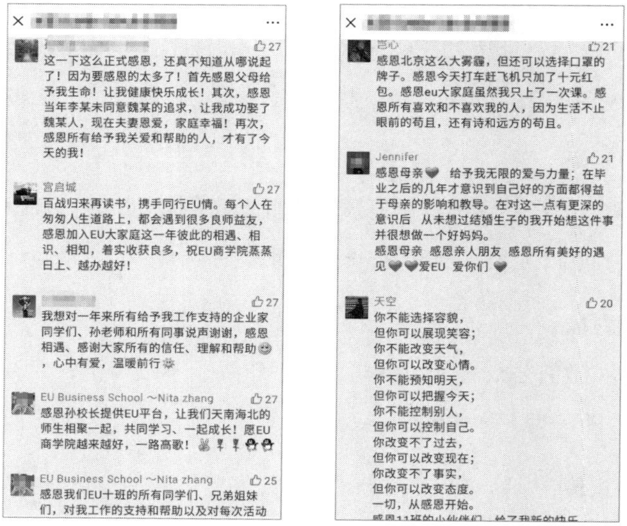

图 13-17　小故事留言

9. 参与方式

（1）关注 ×× 微信公众号，在文章的末尾处点击“留言”就可以写下自己心里想说的话，留言点赞前十的参与者可获得精美相册一本。

（2）进入公众号后台直接发消息并署名。你的故事或心里话可能有机会入选感恩节当天推送的文章，如图 13-18 所示。

图 13-18　文章中的感恩故事

10. 注意事项

（1）所有上传内容必须为原创。

（2）请留意征集活动时间，逾期不候。

（3）留言被选中的参与者接到通知后，自己主动私信姓名 + 地址 + 电话号码给活动发起方。